Bertha von der Lage

Französische Erzählung zur Übung der Umgangssprache

Bertha von der Lage

Französische Erzählung zur Übung der Umgangssprache

ISBN/EAN: 9783743359895

Hergestellt in Europa, USA, Kanada, Australien, Japan

Cover: Foto ©Paul-Georg Meister /pixelio.de

Manufactured and distributed by brebook publishing software (www.brebook.com)

Bertha von der Lage

Französische Erzählung zur Übung der Umgangssprache

MANUEL DE LA CONVERSATION.

Französische Erzählung

zur

Übung in der Umgangssprache

für den Schulgebrauch und zum Selbstunterricht

von

B. Egal

BERLIN 1868.

Verlag von I. Guttentag.

8. Unterwasser-Str.

Ce petit ouvrage doit son existence à l'expérience de l'auteur qui a trouvé que les élèves, en quittant l'école, ignorent bien souvent les mots les plus usités de la conversation. Par conséquent ils ne sont pas à même de s'entretenir avec facilité des objets de la vie ordinaire. Or, l'auteur espère remédier par ce petit livre à ce défaut ci-dessus mentionné. Il y a traité presque tous les sujets de la vie, mais avec ces modifications qu'un livre destiné à l'instruction de la jeunesse exige. Les gallicismes et les proverbes les plus connus sont joints aux mots.

Pour donner plus d'intérêt à l'étude fatiguante de ce matériel, l'entier forme un petit conte, divisée en plusieurs aliénéas, dont cha-

Das vorliegende Werkchen verdankt seine Entstehung der Erfahrung des Verfassers, dass den Schülern und Schülerinnen höherer Lehr-Anstalten beim Verlassen derselben oft die wichtigsten Vokabeln unbekannt sind, sie sich daher nicht einmal über Gegenstände des gewöhnlichen Lebens in der fremden Sprache unterhalten können. Diesem Mangel nun hofft der Verfasser durch dieses Büchlein abzuhelfen. Fast alle Gebiete des Lebens sind in demselben berührt worden, wenn auch mit den Beschränkungen, die ein Buch für die reifere Jugend erfordert. Den einzelnen Vokabeln sind die bekanntesten Sprichwörter und Gallicismen hinzugefügt.

Das Ganze ist in eine Art zusammenhängender Erzäh-

cun composerait une leçon. On désirerait que le maître s'efforce de poser ses questions de sorte que les élèves soient forcés de répondre par des phrases entières, en recomposant ainsi le récit.

Puisse ce livre remplir son but, et puisse-t-il servir avant tout à rendre l'étude de la langue française agréable à la jeunesse!

Berlin en été 1867.

lung gebracht, um die ermüdende Einübung des Sprachmaterials zu beleben. Demgemäss wird der Lehrer sich bemühen müssen, die aufgegebenen Vokabeln jedes Abschnittes, als Antworten auf einfache vorgelegte Fragen, in grössere oder kleinere Sätze kleiden zu lassen.

Möchte das Büchlein seinen Zweck erfüllen und besonders dazu dienen, der Jugend das Studium der französischen Sprache lieb zu machen.

Nach dem Druck sind noch folgende Fehler bemerkt:

Section 3, Zeile 7 lies: la statt: a.
- 5, - 4 v. u. lies: hellen statt: halben.
Seite 14, - 12 v. o. lies: ami de statt: am ide.
- 16, - 15 v. o. lies: de bras statt: debras.
Section 25, - 12 v. o. lies: quelque chose statt: quelquechose.
- 26, - 14 v. o. lies: ses statt: ces.
- 29, - 7 v. u. lies: il y a statt il a.
- 32, - 3 v. o. lies: leurs statt: leur.
- 38, - 8 v. o. lies: des statt: de.
Seite 41, - 6 v. o. lies: descendent statt: descondent.
Section 55, - 5 v. o. lies: restèrent statt restêrent.
- 63, - 6 v. o. lies: dragée statt dragrée.
- 67, - 5 v. o. lies: liefen statt: gelaufen.
- 77, - 6 v. o. lies: aux statt: eux. — sorciers statt: soriers.

1.

Quand on veut passer¹ pour une jeune demoiselle bien élevée, on doit savoir le français. On ne doit pas se contenter de l'écorcher,² d'en avoir quelque teinture,³ il faut savoir cette langue à fond,⁴ il faut la parler couramment,⁵ car elle est maintenant la langue la plus répandue,⁶ même une langue universelle.⁷ On l'apprend à force⁸ de lire, de parler et d'apprendre par coeur, et il faut toujours continuer à y donner ses soins,⁹ pour ne pas l'oublier de nouveau.

<small>¹ gelten (passer sous silence, mit Stillschweigen übergehen. cela me passe, das ist mir zu hoch. passe pour cela, meinetwegen). ² radebrechen. ³ eine Idee davon haben. ⁴ gründlich. ⁵ geläufig. ⁶ verbreitet. ⁷ Weltsprache. ⁸ durch vieles. ⁹ Fleiß darauf verwenden.</small>

I. Le Printemps.

2.

La fête de Pâques était passée. Les catholiques avaient observé le carême,¹ qui commence après le mardi gras² avec le mercredi des cendres;³ tous les chrétiens avaient célébré le dimanche des Rameaux,⁴ la semaine sainte,⁵ le jeudi saint⁶ en mémoire du jour auquel Jésus-Christ a institué la sainte Cène⁷ et le vendredi saint,⁸ jour du crucifîment. Ils avaient célébré la résurrection⁹ de notre Sauveur que le Seigneur a ressuscité.¹⁰ Les enfants avaient cherché leurs oeufs de Pâques,

<small>¹ Fastenzeit (jour maigre, Fasttag). ² Fastnacht. ³ Aschermittwoch. ⁴ Palmsonntag. ⁵ Karwoche. ⁶ grüne Donnerstag. ⁷ das heilige Abendmahl. ⁸ Karfreitag. ⁹ Auferstehung. ¹⁰ auferweckt.</small>

l'hiver était passé, le printemps, cette saison la plus agréable commençait. Les glaces se sont rompues,[11] le ciel est serein, l'air est tempéré,[13] les jours sont devenus plus longs, les arbres commencent à bourgeonner,[14] les fleurs printanières s'épanouissent,[15] les oiseaux de passage[16] reviennent des pays du sud et construisent leurs nids[17] dans notre patrie septentrionale. Tout le monde quitte la sombre maison; on aime a faire des promenades, soit en voiture, soit à pied pour respirer l'air embaumé.[18]

---

[11] aufgegangen. [12] heiter. [13] milde. [14] knospen. [15] Frühlingsblumen entfalten sich. [16] Zugvögel (le plumage, das Gefieder). [17] Nester (petit à petit l'oiseau fait son nid, mit der Zeit pflückt man Rosen). [18] balsamisch.

3.

On se promène dans les champs, les jardins et les forêts. Aux champs les enfants observent la vie joyeuse des laboureurs,[1] qui engraissent,[2] hersent[3] et labourent[4] leurs champs. Ils marchent derrière leur charrue[5] dans les sillons[6] en chantant à l'envi de[7] l'alouette. Ils posent les pommes de terre,[8] ils sèment les mars:[9] l'avoine, l'orge, les pois, les lentilles, a vesce, t andis que les gros grains:[10] le froment et le seigle teignent déjà les champs de leurs tendres brins.[11] Les enfants s'amusent à chercher des taupinières,[12] mais ils ne réussissent pas à attraper une seule taupe. Les prairies se couvrent de verdure, l'herbe[13] renaît, le trèfle,[14] les primevères, les mar-

---

[1] Landleute. [2] düngen. [3] eggen. [4] pflügen. [5] Pflug (mettre la charrue devant les boeufs, eine Sache verkehrt anfangen). [6] Furche. [7] um die Wette mit der Lerche. [8] Kartoffeln. [9] säen das Sommergetreide: Hafer, Gerste, Erbsen, Linsen, Wicke. [10] Wintergetreide: Weizen, Roggen. [11] Halm (il n'y en a pas un brin, es ist nicht ein Bißchen mehr davon vorhanden). [12] Maulwurfshügel. [13] Gras. (mauvaise herbe croît toujours, Unkraut vergeht nicht. sur quelle herbe avez-vous marché aujourd'hui, warum sind Sie heute bei so schlechter Laune?) [14] Klee, Schlüsselblume, Gänseblume, Butterblume.

guerites et les dents de lion invitent les petits promeneurs à les cueillir. On entend le moineau [15] qui chuchette, l'alouette [16] qui tirelire, l'hirondelle [17] qui gazouille et la caille [18] qui carcaille.

---

[15] Sperling, piept. [16] Lerche, trillert (il attend que les alouettes lui tombent toutes rôties, er erwartet, daß ihm die gebratenen Tauben in den Mund fliegen). [17] Schwalbe, zwitschert (une hirondelle ne fait pas le printemps, eine Schwalbe macht noch keinen Sommer). [18] Wachtel, schlägt.

4.

Le matin et le soir, la famille se repose au jardin, où les enfants aident au jardinier, qui sème ou plante les fleurs, ente [1] les arbres, sarcle [2] les mauvaises herbes, arrose [3] le gazon [4] qui commence à germer, [5] et râtelle [6] les allées avec le râteau. Ils prennent plaisir aux perce-neige, [7] aux violettes, aux crocus, aux jacinthes et aux muguets qui exhalent [8] leurs odeurs agréables, ou prêtent l'oreille au ramage [9] du rossignol, [10] caché dans les buissons de lilas [11] et remplissant le jardin de ses doux chants. M. N. se rend au verger [12] où les arbres fruitiers, [13] tels que cerisiers, abricotiers, pruniers, pommiers, amandiers, poiriers, pêchers, châtaigniers, chargés de tendres fleurs, réjouissent son oeil, tandis que Mad. N., dans son jardin potager, [14] sème des herbes potagères, telles que: carottes, navets, betteraves, raves, radis, épinards, oignons, le chou blanc, le

---

[1] pfropft. [2] jetet. [3] begießt. [4] Rasen. [5] keimen. [6] harkt. [7] Schneeglöckchen, Veilchen, Krokus, Hyacinthe, Maiblümchen. [8] aushauchen. [9] Gesang. [10] Nachtigall. [11] Fliederbusch (trouver buisson creux, das Nest leer finden). [12] Obstgarten. [13] Obstbäume: Kirsch=, Aprikosen=, Pflaumen=, Apfel=, Mandel=, Birnen=, Pfirsich= und Kastanienbäume. [14] Küchengarten, Küchengewächse: Mohrrübe, weiße Rübe, rothe Rübe, Rettich, Radieschen, Spinat (c'est du beurre dans ses épinards, das ist Wasser auf seine Mühle), Zwiebel, Weißkohl (mon chou-chou, mein Püppchen, chou pour chou, Wurst wider Wurst). Grün=, Wirsing=, Blumenkohl, Kohlrabi, Kohlrübe, Petersilie, Kopfsalat, Bohnen, Schoten.

chou vert, le chou frisé, le chou-fleur, le chou-rave, le chou-navet, le persil la laitue, les fèves ou les haricots, les petits pois.

5.

Tandis que toute la nature se renouvelle et embellit, les chrétiens célèbrent la Pentecôte, fête de la descente du Saint-Esprit, laquelle est précédée du jour de prière publique et du jour de l'Ascension. On profite de ces jours de fête pour arranger une partie de campagne; car on aime à échapper pour quelques heures au bruit et à la chaleur des villes. Aussi notre famille conçut-elle le projet de faire de même. Dès la veille[1] la mère de famille, la maîtresse de la maison,[2] était à ses préparatifs.[3] Les enfants avaient grand' peur de passer l'heure du départ à dormir[4] et de dormir la grasse matinée[5] au lieu de s'éveiller à la pointe du jour.[6] D'abord l'inquiétude les empêche de s'endormir, mais à la fin ils tombent dans un profond sommeil, et leur maman a bien de la peine à les faire sortir du lit. Ils se souviennent enfin de ce qu'ils voulaient partir de grand matin, et, sautant en bas de leurs lits, leur première question est: Quel temps fait-il aujourd'hui? Heureusement il fait beau temps, il fait un temps superbe.[7] En quelques moments leur toilette est faite, car Mad. N. leur avait dit: il est temps de vous lever, il fait déjà grand jour,[8] ne soyez pas longtemps à vous habiller, le char-à-bancs ou[9] le coucou sera ici tout-à-l'heure.[10]

---

[1] Vorabend. [2] Hausfrau. [3] Vorbereitungen. [4] verschlafen. [5] bis in den halben lichten Tag schlafen (dormir comme une marmotte, wie ein Murmelthier schlafen). [6] Tagesanbruch. [7] prachtvolles Wetter (qui a temps a vie, kommt Zeit, kommt Rath). [8] heller Tag. [9] Gesellschaftswagen, Kremser. [10] sogleich.

6.

Ils versaient de l'eau de la carafe dans la cuvette,[1] se lavaient la figure, le cou etc. avec de l'eau froide et du savon, se nettoyaient les dents[2] avec une brosse à dents et de la poudre dentifrice[3] et se rinçaient[4] la bouche. Ils se peignaient et se brossaient les cheveux avec des peignes et des brosses à cheveux; les jeunes filles tressaient leurs cheveux en nattes [5] et arrangeaient les tresses à l'aide des aiguilles[6] de tête autour d'une flèche.[7] Les enfants n'oubliaient pas non plus de faire leurs ongles,[8] car ils n'avaient pas la mauvaise habitude de les ronger.[9] A peine les petites demoiselles eurent-elles agraffé[10] leurs robes et à peine les garçons eurent-ils mis leurs blouses[11] ou leurs gilets et leurs vestes qu'on entendait un piétinement[12] de chevaux et le roulement[13] d'une voiture. Celle-ci s'arrête devant la maison, le cocher fait claquer son fouet[14] pour annoncer son arrivée. Mad. N. prie son mari de regarder à sa montre à répétition,[15] la sienne à elle s'est arrêtée, elle avait oublié de la monter,[16] l'aiguille en était brisée, le ressort cassé, et la pendule[17] avance, retarde de beaucoup. — Il est six heures précises; il s'en faut de[18] cinq minutes; l'horloge[19] vient de sonner, va sonner six heures; il est six heures passées: il est temps de partir. Mettez vos chapeaux, mes enfants, vos chapeaux ronds de paille, vos jaquettes, vos mantelets, vos paletots de soie; prenez vos chapeaux de feutre[20] ou vos casquettes,[21] et n'oubliez pas vos plaids, car il fait encore bien frais. Prenez aussi vos parapluies ou vos ombrelles, vos cannes et vos boîtes à herboriser.[22] Avez-vous fini enfin? les chevaux s'impatientent.[23]

---

1 Waschbecken. 2 Zähne. 3 Zahnpulver. 4 ausspülen. 5 in Zöpfe flechten. 6 Haarnadel (se disputer sur la pointe d'une aiguille, sich um des Kaisers Bart streiten). 7 Pfeil. 8 Nägel. 9 abnagen. 10 zuhafen. 11 Kittel, Westen, Jacken. 12 Stampfen. 13 Rollen. 14 knallt mit der Peitsche. 15 Repetiruhr. 16 aufziehen, Zeiger, gebrochen, Feder, gesprungen. 17 Stutzuhr. 18 es fehlt. 19 Turmuhr. 20 Filz. 21 Mützen. 22 Botanisirtrommel. 23 werden ungeduldig (monter sur ses grands che-

vaux, ſich auf's hohe Pferd ſetzen. n'avoir ni cheval ni mule, im bitterſten Elend ſein. fièvre de cheval, heftiges Fieber. lettre à cheval, grober Brief. c'est son cheval de bataille, das iſt ſein Steckenpferd. à cheval donné on ne regarde pas dans la bouche, geſchenktem Gaul ſieht man nicht in's Maul).

7.

On descend l'escalier en courant, et les garçons s'extasient [1] sur les beaux chevaux; c'étaient des chevaux blancs,[2] moreaux, gris pommelés, grisons, bais, alezans. C'étaient des chevaux piaffeurs,[3] ils piétinaient et hennissaient,[4] et les enfants admiraient leurs belles crinières.[5] Le cocher leur raconta qu'ils avaient été chevaux de selle,[6] et qu'ils finiraient sans doute comme chevaux de charrette.[7] M. N. ne les admirait pas moins, car ordinairement les voitures de louage[8] sont attelées de vrais bidets,[9] mais on voyait que le cocher les pansait[10] et les étrillait bien. Le harnais,[11] la rêne, le mors, tout était bien en ordre. Enfin, toutes les hardes[12] etc., ayant été fourrées[13] dans les coffres de la voiture,[14] on baissa le marche-pied,[15] et l'on ouvrit la portière; on monta, et deux des garçons prirent place sur le siége du cocher.[16] — Le cocher fouette[17] les chevaux, ils commencent à tirer et se mettent au trot.[18]

---

[1] gerathen in Entzücken. [2] Schimmel, Rappe, Apfel-, Grauſchimmel, Brauner, Fuchs. [3] ſtolz. [4] wiehern. [5] Mähne. [6] Reitpferde. [7] Karrengaul. [8] Miethwagen. [9] Klepper. [10] putzen, ſtriegeln. [11] Geſchirr, Zügel, Gebiß (prendre les mors aux dents, durchgehen). [12] Kleidungsſtücke. [13] geſteckt (il fourre son nez partout, er ſteckt ſeine Naſe in alles). [14] Wagenkaſten. [15] Tritt. [16] Kutſcherbock. [17] treibt an. [18] Trab.

8.

On passe la barrière;[1] on se trouve bientôt sur la grand' route, qui est bordée[2] d'épines, de peupliers ou de saules, dont

---

[1] Thor. [2] eingefaßt, Dornbuſch, Pappeln (le tremble, Silberpappel),

16. feuilles sont malheureusement rongées par les chenilles [3] et les hannetons. Des deux côtés du chemin [4] se déroulent des champs fertiles qui promettent, [5] et l'on désire bien que la grêle [6] les épargne. Plus loin on voit des près, sur lesquels des troupeaux de moutons, de brebis, de boeufs et de chèvres paissent sous la garde des bergers, [7] des bouviers, des vachers et de leurs chiens de l'espèce utile du mâtin. Les agneaux [8] bondissent autour de leurs mères, les boeufs mugissent, les chèvres crient et les brebis bêlent. Des papillons, [9] volant de fleur en fleur, sont poursuivis par les jeunes gens qui tâchent de les attraper au moyen de filets afin d'enrichir leur collection de papillons. Les abeilles, [10] avec leur trompe, sucent le miel ces calices et retournent à la ruche, chargées de butin. Tout-à-coup le cocher arrêta les chevaux; on était arrivé à la maison du percepteur [11] où l'on paie les barrières. [12]

Weiden. [3] Raupen, Maikäfer. [4] Weg (s'arrêter en beau chemin, auf halbem Wege stehen bleiben. se mettre en chemin, sich auf den Weg machen. tus les chemins mènent à Rome, alle Wege führen nach Rom.) [5] gut stehen. [6] Hagel. [7] Schaf=, Ochsen=, Kuhhirt, Schäferhund. [8] Lamm (L'agneau pascal, Opferlamm. le bouc émissaire, Sündenbock. le ciel est moutonné, es sind Schäfchen am Himmel). [9] Schmetterlinge. [10] Bienen, Rüssel, saugen, Bienenkorb. [11] Chausseehaus. [12] Chausseegeld. — (Où la chèvre est attachée il faut qu'elle broute, bleibe im Lande, und nähre dich redlich. boire le calice jusqu'à la lie, den Kelch bis auf die Hefe leeren. revenons à nos moutons, wieder auf unsere vorige Rede zurückzukommen).

9.

Enfin les enfants apercevaient le but du petit voyage, [1] une grande métairie. [2] On descend de voiture, et tandis que Mad. N. s'entretient avec la maîtresse de la maison, les enfants courent dans la basse-cour [3] pour y regarder toutes ces choses si curieuses pour les habitants d'une ville. Au milieu de la cour

---

[1] Ausflug. [2] Meierei. [3] Viehhof.

se voit une mare,[4] peuplée de canards[5] et d'oies[6] accompagnées de leurs oisons. Au bord de la mare on aperçoit sur un fumier[7] un coq qui chante à pleine gorge. Il a gratté[8] un grain et appelle les poules. Tout-à-coup, une des poules, entourée de ses poussins,[9] commence à glousser,[10] les poussins accourent, piaulant,[11] et se cachent sous les ailes de leur mère. A l'aide d'une lorgnette,[12] d'une longue vue on découvre à l'horizon un autour,[13] un vautour.[14] Loin de ce groupe un paon[15] se pavane,[16] sa belle queue réjouit beaucoup les enfants. Heureusement, il perd une plume, qu'ils ramassent joyeusement et admirant l'oeil dont elle est ornée. Envieux de cette admiration, le dindon glougoute[17] et tâche d'attirer l'attention.

---

[4] Teich. [5] Ente, auch Zeitungsente. [6] Gans, Gänschen. [7] Düngerhaufen. [8] herausgescharrt, Korn (il n'a pas un grain d'esprit, er hat nicht ein Fünkchen Verstand. le grain d'orge, Gerstenkorn am Auge. grain de grêle, de café). [9] Küchlein. [10] glucken. [11] piepend. [12] Fernrohr. [13] Habicht. [14] Geier. [15] Pfau. [16] bläht sich auf. [17] Truthahn kollert — (cela fait venir la chair de poule, das erregt Gänsehaut. à tire d'aile, mit Windeseile. la belle plume fait le bel oiseau, Kleider machen Leute).

10.

La cour est entourée des bâtiments économiques ou d'exploitation.[1] Le métayer[2] conduit les enfants dans les étables; les étables des bêtes à cornes[3] sont vides; de même la bergerie, mais le toit à cochons[4] est rempli de porcs grognants. Dans les auges[5] on voit du son[6] ou du lait dont on se sert à engraisser[7] les cochons de lait.[8] Dans l'écurie,[9] les enfants trouvent les chevaux de leur voiture qui mangent leur botte de foin[10] que le palefrenier[11] a jetée dans le râtelier[12] au-dessus de la mangeoire, de la crêche.[13] Ils se dé-

---

[1] Wirtschaftsgebäude. [2] Meier. [3] Hornvieh. [4] Schweinestall. [5] Trog. [6] Kleie. [7] mästen. [8] Ferkel. [9] Pferdestall. [10] Bündel Heu. (à propos de botte, um nichts und wieder nichts). [11] Stallknecht. [12] Raufe. [13] Krippe (tenir la mangeoire haute à q., jemand den

saltèrent[14] dans l'auge et se reposent sur la litière.[15] Les chevaux du métayer étaient dans l'abreuvoir.[16] Le colombier[17] est rempli de pigeons roucoulants. Dans le poulailler[18] les enfants trouvent seulement une poule; elle couve[19] les oeufs qu'elle a pondus.[20] En dernier lieu, ils examinent le chenil;[21] les chiens, qui sont déjà leurs amis, n'aboient pas, ils flattent[22] avec la queue, ils se dressent sur leurs pattes de derrière[23] et posent leurs pattes de devant sur les épaules des garçons. Il y avait là des barbets tondus,[24] des bouledogues, des terre-neuves, des roquets, des lévriers, des chiens couchants.

Brotkorb hoch hängen). [14] Durſt löſchen. [15] Streu. [16] Tränke. [17] Taubenhaus. [18] Hühnerhaus. [19] brütet aus. [20] gelegt. [21] Hundehütte (bon chien chasse de race, ein Apfel fällt nicht weit vom Stamm. entre chien et loup, in der Dämmerung). [22] wedeln. [23] Hinterbeine (marcher à quatre pattes, auf allen Vieren gehen. faire patte de velours, Katzenpfötchen machen). [24] geſchorne Pudel, Bullenbeißer, Neufundländer, Spitz, Windhund, Wachtelhund.

11.

Pendant ce temps, l'aînée des jeunes filles avait mis le couvert[1] devant la maison dans une tonnelle de chèvre-feuille.[2] On appela les enfants qui promettaient[3] d'être des cadets de bon appétit.[4] Ils trouvèrent une nappe[5] propre étendue sur la table et des assiettes et une salière[6] placées dessus. Les serviettes, les cuillers, les fourchettes et les couteaux avaient été apportés par la maman. Les enfants, ayant promptement rangé les chaises autour de la table, y prirent place. On leur donna du birambrot[7] aux raisins de Corinthe, du lait caillé[8] avec du pain râpé et saupoudré de sucre, du pain bis[9] cuit

[1] Tiſch gedeckt. [2] Geißblattlaube. [3] (promettre et tenir sont deux, Verſprechen und Halten iſt zweierlei. chose promise, chose due, was man verſpricht, muß man halten). [4] keine Koſtverächter ſein. [5] Tiſchtuch. [6] Salznäpfchen. [7] Bierkaltſchale. [8] ſaure Milch. [9] Schwarz=

dans la maison où il y avait un four, du beurre frais que la fermière avait battu elle-même et du fromage de vache, de Gruyère (Suisse),[10] d'Hollande. La mère entama la miche,[11] la coupa en tranches,[12] y étendit du beurre[13] et donna ces beurrées délicieuses aux enfants. Pour son aîné elle prépara un délicieux croûton,[14] et comme elle ne mangea que la mie[15] de ses tartines de beurre, les enfants en eurent les croûtes et s'en donnèrent à coeur joie.[16] Il y avait même du babeurre[17] pour les amateurs.[18]

brot (le pain quotidien, das tägliche Brot). [10] Schweizerkäse. [11] schnitt das Laib an. [12] in Stücke. [13] Butter (promettre plus de beurre que du pain, mehr versprechen als halten). [14] Kanten. [15] Krume. [16] ließen es sich wolschmecken (l'appétit vient en mangeant, je mehr man hat, je mehr man will). [17] Buttermilch. [18] Liebhaber.

12.

Le repas terminé, on ôta le couvert et emporta la vaisselle [1] à la cuisine pour qu'elle y fût nettoyée; puis on y servit le café. La servante apporta un plateau[2] chargé de tasses, de soucoupes, d'une cafetière, d'un pot au lait, du sucrier. Mad. N. versa le café; le père prit du café à l'eau[3] avec un soupçon[4] de sucre et un nuage[5] de lait, tandis que les enfants eurent du café au lait bien sucré. M. N. se fit donner un journal, tira son porte-cigare[6] de sa poche et alluma un cigare. Il aurait mieux aimé fumer[7] sa pipe bien aimée[8] à la tête d'écume de mer,[9] mais il n'était pas chez lui, n'était pas dans son étude.[10] Mad. N. avait apporté un gâteau à la Madeleine,[11] des cra-

[1] Geschirr. [2] Präsentirbrett. [3] schwarzer Kaffee (le café, Kaffeehaus. le café rôti, gebrannter Kaffee). [4] Idee. [5] Idee. [6] Cigarrentasche. [7] rauchen. [8] vielgeliebt. [9] Meerschaumkopf (autant de têtes, autant d'opinions, viel Köpfe, viel Sinne. à la tête, an der Spitze). [10] Studirzimmer, Studium (il a de l'étude, er ist ein wissenschaftlich gebildeter Mann). [11] Sandtorte, Brezeln, Pfannkuchen, Waffeln.

quelins, des beignets et des gaufres, et les enfants en eurent quelques morceaux pour leur dessert.

13.

Comme la chaleur devenait de plus en plus plus étouffante, [1] on proposa [2] d'aller dans la forêt voisine. Arrivés là, les enfants s'amusèrent à différents jeux; [3] ils jouèrent d'abord à gage touché, puis à colin-maillard, à cache-cache, au nain-jaune, à saute-mouton, à pigeon-vole, aux cerceaux, à la toupie, à la fossette, à la balle, à toucher le but. On découvrit même une balançoire, [4] que les enfants du fermier avaient faite ; ce fut un grand plaisir que de se balancer. Ils cherchèrent aussi de la bruyère, [5] prenant toutefois bien garde de se piquer aux chardons [6] et aux orties. Quelquefois leurs yeux charmés suivaient les sauts comiques d'un écureuil [7] ou les scarabées bourdonnants, [8] ou ils regardaient les fourmiliéres, [9] qui fourmillaient de fourmis. Pendant ce temps les grandes personnes étaient assises sur la mousse [10] à l'ombre des chênes, [11] des bouleaux, des hêtres, des tilleuls, des acacias, des érables, des platanes, des ormes, des sapins, des pins et écoutaient le chant du hochequeue, [12] du rouge-gorge, du serin, du roitelet, du pinson, du merle, de la linotte, de la fauvette, qui, perchés [13] sur les branches, gazouillaient et chantaient dans le bois. Le coucou [14] coucou-

---

[1] drückend (étouffer de rire, vor Lachen faſt erſticken). [2] ſchlug vor (l'homme propose, Dieu dispose, der Menſch denkt, Gott lenkt). [3] Spiele (faire bonne mine à mauvais jeu, gute Miene zum böſen Spiel machen). Pfänderſpiele, Blindekuh, Verſteck, Topfſchlagen, Plumpſack, Täubchen fliege, Reifen, Kreiſel, Murmel, Ball, Zeck. [4] Schaukel. [5] Heidekraut. [6] Diſtel, Neſſel. [7] Eichkätzchen. [8] ſummende Käfer. [9] Ameiſenhaufen. (cet ouvrage fourmille d'erreurs, dieſe Arbeit wimmelt von Fehlern). [10] Moos. [11] Eiche, Birke, Buche, Linde, Akazie, Ahorn, Platane, Ulme, Fichte, Tanne (la pomme de pin, Tannenzapfen). [12] Bachſtelze, Rothkehlchen, Zeiſig, (serin de Canarie, Canarienvogel), Zaunkönig, Finke, Amſel, Hänfling, Grasmücke. [13] ſitzend (être perché sur ses aïeux, ſich etwas auf ſeine Ahnen einbilden). [14] Kuckuck.

lait, la corneille[15] babillait, la pie jasait, la huppe criait et le pic examinait de son bec[16] l'écorce des arbres.

---

[15] Krähe, Elster, Wiedehopf, Specht. [16] Schnabel (le blanc bec, Gelbschnabel), Rinde.

14.

L'un des enfants avait découvert[1] un lac et on désirait de faire une promenade sur l'eau. Les parents y consentirent, on s'élança gaiement vers le bord où l'on trouva une jolie barque avec deux rames.[2] Deux des garçons savaient ramer et le troisième conduisit[3] le canot. Le bord du lac était planté de saules pleureurs.[4] Quelques enfants du village pêchaient à la ligne;[5] ils avaient attaché une achée[6] à l'hameçon, mais ils n'avaient pris jusqu'alors d'autres poissons[7] que quelques goujons.[8] Une cigogne,[9] debout sur une jambe, craquetait, un cygne[10] nageait au milieu du lac. Mais le jour commençant à baisser, on dut penser au retour. Rentré à la ferme, on trouva le souper tout prêt. Il y avait des oeufs à la coque,[11] des oeufs au miroir, des oeufs brouillés, des oeufs durs. Mad. N. avait apporté des viandes froides, p. ex. de la viande salée,[12] de la langue fumée, du jambon, une andouille, du boudin noir, du boudin blanc, du cervelas, qu'elle avait achetées chez un charcutier[13] renommé. Elle ôta la peau de l'andouille et coupa celle-ci etc. par tranches; le pain n'était ni trop frais ni trop rassis[14] et les pains au lait et les petits pains étaient très-bons.

---

[1] entdeckt (découvrir le pot au rose, hinter ein Geheimnis kommen). [2] Ruder. [3] steuerte. [4] Trauerweide. [5] angelten (où êtes-vous allé pêcher cette nouvelle, wo haben Sie diese Neuigkeit aufgegabelt?). [6] Regenwurm, Angel. [7] Fisch (poisson sans boisson est poison, auf Fische muß man trinken. donner un poisson d'avril à q., jemand in den April schicken). [8] Gründling. [9] Storch. [10] Schwan. [11] weiche Eier, Setzeier, Rührei. [12] Pökelfleisch, geräucherte Zunge, Schinken, Schlack-, Blut-, Leber-, Cervelatwurst. [13] Fleischwarenhändler. [14] alt.

15.

Pendant que le cocher attelait les chevaux, les enfants prirent congé[1] de tous leurs amis quadrupèdes et parèrent leurs chapeaux de couronnes de bluets,[2] de gerzeaux et de coquelicots. Ce ne fut que sur la brune[3] qu'ils partirent, la lune se leva, il faisait clair de lune,[4] la lune était dans son plein.[5] Au commencement du retour vers la maison les enfants s'amusaient à regarder les vers luisants,[6] à écouter le coassement des grenouilles[7] et le bruit des grillons grésillonnants,[8] mais à mesure que la nuit s'avançait, le sommeil les gagna,[9] ils s'assoupirent plus ou moins et furent bien aises lorsque la voiture s'arrêta devant la maison; il faisait déjà nuit close.[10] Nos petits voyageurs étaient tout épuisés de fatigue, ils tombaient presque de sommeil et, au bout de quelques minutes, on les aurait pu voir étendus sur leurs matelas, couverts d'un édredon ou d'une courte-pointe,[11] la tête enfoncée dans le doux oreiller de plume. La servante avait mis des draps blancs[12] ce soir.

---

[1] Abschied. [2] Kornblume, Kornrade, Mohnblume. [3] Dämmerung. [4] Mondschein. [5] Vollmond. [6] Leuchtkäfer. [7] Frösche. [8] zirpende Grillen. [9] wurden schläfrig. [10] stockfinstere Nacht (la nuit porte conseil, über Nacht kommt guter Rath). [11] Deckbett, Steppdecke. [12] reine Überzüge.

16.

Le second jour de fête on entreprit un petit voyage à P. Arrivés à la gare,[1] les enfants se rendirent dans la salle d'attente, tandis que le père alla prendre les billets. Il ne parvint que fort difficilement à se faire jour[2] à travers la foule des voyageurs qui faisaient peser le bagage,[3] payaient le surpoids[4] et recevaient leurs bulletins de bagage.[5] Il eut enfin les bulle-

---

[1] Bahnhof. [2] Bahn machen. [3] Gepäck wiegen (il pèse toutes ses paroles, er legt alle seine Worte auf die Goldwage. le secret lui pèse, das Geheimnis drückt ihm das Herz ab). [4] Überfracht. [5] Ge=

tins; c'étaient des places de 3ième classe qu'on préfère en été aux places de 1ière et de 2ième classe. On prit place dans un wagon, le conducteur coupa les billets et ferma les portes; le chef du train[6] donna le signal du départ et le convoi partit. C'était un convoi de grande vitesse et pas un train de marchandises; aussi ne s'arrêta-t-on pas aux petites stations intermédiaires.[7] Les enfants baissèrent les glaces et s'amusaient à saluer les cantonniers[8] qui étaient debout près de leurs maisonnettes, bâties de distance en distance le long de la voie ferrée.[9] Tout-à-coup on entra dans un tunnel et les enfants se retirèrent effrayés de la fenêtre. M. N. avait reconnu un am ide jeunesse et l'aborda: Je ne sais pas, si Monsieur se remet de moi,[10] mon nom est — —. Oh, certainement! s'écria le monsieur en lui tendant et serrant la main, je suis charmé de vous revoir. Quelle agréable surprise, vous voilà donc dans ce pays![11] Il y a un siècle que je ne vous ai vu. Comment vous portez-vous, comment va la santé?

---

päckschein. [6] Zugführer. [7] Zwischenstationen. [8] Bahnwärter. [9] Schienen. [10] sich meiner erinnert. [11] Wie kommen Sie hierher?

17.

Pendant le voyage, les grandes personnes s'entretinrent d'un accident[1] terrible qui avait eu lieu, il y avait quelques jours, sur cette ligne. Le convoi avait déraillé,[2] la chaudière éclatée;[3] il y avait eu une collision[4] de deux trains, beaucoup de personnes avaient été blessées ou tuées. Il avait fallu aller chercher des médecins[5] à la ville voisine qui avaient déclaré que plusieurs d'entre les voyageurs s'étaient cassé la jambe[6] et

---

[1] Unfall. [2] aus den Schienen gerathen. [3] Kessel, geplatzt. [4] Zusammenstoß. [5] Arzt (médecin aide-toi toi-même). [6] Bein (courir à toutes jambes, aus Leibeskräften laufen. il faut faire le pas selon la jambe, man muß sich nach der Decke strecken. prendre ses jambes à son cou, über Hals und Kopf davon laufen. se casser la tête, sich den Kopf zer=

qu'ils resteraient estropiés[7] pour toute leur vie. Les médecins avaient apporté leurs appareils de pansement,[8] de la charpie et pouvaient à peine suffire à panser toutes les blessures et à mettre tous les emplâtres.[9] Les grièvement[10] blessés furent transportés dans un hôpital. Un de ces malheureux devint même par suite de cet accident cul-de-jatte,[11] le médecin avait été obligé de l'amputer des deux jambes; on ne savait encore s'il serait possible de lui faire faire des jambes de bois[12] et s'il pourrait marcher avec des béquilles.[13] Un autre devint manchot,[14] boiteux. — On était arrivé à P. M. N. prit congé de son ami retrouvé en disant: „Adieu, mon ami, enchanté, d'avoir renouvelé votre connaissance, je vous prie de présenter mes compliments, mes respects à Madame, dites bien des choses de ma part à votre épouse." „Je n'y manquerai[15] pas," reprit l'autre, „à l'honneur de vous revoir."

---

brechen). [7] zu Krüppeln gemacht. [8] Verbandzeug. [9] Pflaster: [10] schwer. [11] Krüppel ohne Beine. [12] Stelzfuß (des jambes artificielles, künstliche Beine). [13] Krücke. [14] einarmig, hinkend (il ne faut pas clocher devant les boiteux, man muß den Krüppel nicht verspotten). [15] werde nicht unterlassen (il se blesse de tout, er nimmt alles übel. l'ennui le tue, er vergeht vor Langerweile. se tuer à force de travailler, sich zu Tode arbeiten).

18.

M. N. engagea un domestique de place[1] pour leur faire voir toutes les curiosités[2] de la ville. Il les conduisit d'abord à la Bourse,[3] où ils trouvèrent tout le monde, banquiers, négociants, marchands et courtiers de change[4] dans une grande agitation. Plusieurs raisons de commerce,[5] expliqua le guide, ont fait faillite, on dit même banqueroute frauduleuse,[6] et beaucoup d'autres maisons de commerce en sont[7] pour leur

---

[1] Lohnbediente. [2] Seltenheit. [3] Börse (au plus larron la bourse, den Bock zum Gärtner setzen). [4] Wechselmäkler. [5] Firma. [6] betrügerisch. [7] haben eingebüßt.

argent. Plusieurs marchands ont annoncé une totale mise en vente,[8] d'autres se sont retirés des affaires,[9] encore d'autres ont été obligés de congédier tous leurs commis, leurs commis-voyageurs,[10] leurs teneurs de livres,[11] et au lieu de pouvoir continuer le commerce en gros, ils se verront réduits à débiter en détail. Puis on se rendit à la cathédrale. On admira la grandeur de la nef,[12] les colonnes toscanes, — doriques, ioniques, corinthiennes — qui soutenaient la voûte[13] du plafond, l'autel de marbre,[14] la sculpture en bois de la chaire, les vitraux peints et le choeur. On monta aussi sur la tour[15] pour voir l'ensemble de la ville et ses environs.[16]

[8] gänzlicher Ausverkauf. [9] Geschäfte (ce n'est pas votre affaire, das geht Sie nichts an). [10] Reisende. [11] Buchhalter. [12] Schiff. [13] Wölbung, Decke. [14] Altar von Marmor, Holzschnitzerei, Kanzel, Fenster. [15] Turm (à tour debras, aus Leibeskräften). [16] Umgegend.

19.

L'arsenal[1] offrit aux yeux des visiteurs une collection complète des armes de tous les temps et de tous les peuples. On y trouvait des armures[2] complètes, des casques,[3] des épées, des boucliers,[4] des arcs, des flèches, des drapeaux, des bannières etc. La galerie de tableaux contenait quelques chefs-d'oeuvre de peinture, quelques madones de Raphaël, des paysages,[5] des tableaux de marine de paysagistes renommés, des tableaux de bataille de peintres d'histoire célèbres, des portraits en buste, en pied, de peintres de portraits du premier ordre. Dans une salle, on trouva un peintre devant son chevalet,[6] la palette et le pinceau à la main, il copiait un des derniers efforts de l'art.[7] Ils entrèrent aussi dans le cabinet des gravures[8] et dans la galerie des sculptures.[9]

[1] Zeughaus. [2] Rüstungen. [3] Helme. [4] Schild. [5] Landschaften, Seestück. [6] Staffelei. [7] größten Meisterwerke. [8] Kupferstiche. [9] Bildhauerarbeiten.

II. L'Été.

20.

En été, la chaleur augmente et devient parfois si excessive que tout le monde est tout en nage et pense mourir de chaud. On entend dire à chaque moment: je n'en peux plus de chaleur. Il est bien nécessaire que la pluie[1] et l'orage purifient[2] l'air et rafraîchissent les plantes, les animaux et les hommes. Quelquefois la pluie n'est qu'une ondée,[3] qu'une nuée,[4] quelquefois elle ne tombe que par gouttes[5] fines; mais bien souvent il pleut fort, même à verse,[6] de sorte que les promeneurs en deviennent tout mouillés[7] et trempés jusqu'aux os,[8] s'ils ne se mettent pas à couvert[9] pour être à l'abri[10] de la pluie. Quelquefois la chaleur devient si étouffante que tout le monde est réjoui quand le ciel se couvre de nuages noirs qui annoncent un orage. Le vent[11] soulève des tourbillons de poussière;[12] il commence à pleuvoir; il fait des éclairs;[13] il tonne; le tonnerre gronde et il fait si obscur[14] qu'on ne voit que la lueur[15] des éclairs.

---

[1] Regen (après la pluie le beau temps, auf Regen folgt Sonnenschein. parler de la pluie et du beau temps, von gleichgültigen Dingen sprechen. tomber de fièvre en chaud mal, aus dem Regen in die Traufe gerathen). [2] reinigen. [3] Regenguß. [4] Wolke. [5] Tropfen. [6] in Strömen. [7] durchnäßt. [8] bis auf die Haut durchnäßt. [9] unterstellen. [10] geschützt. [11] Wind (ce n'est que du vent, das ist lauter Wind). [12] wirbelt Staub auf. [13] blitzt. [14] dunkel. [15] Schein.

21.

Les coups de tonnerre effraient beaucoup de personnes; mais elles peuvent se rassurer:[1] le temps s'éclaircit[2] déjà; la pluie cesse; on voit l'arc-en-ciel; l'orage est passé, mais il a causé du dommage.[3] La foudre est tombée[4] sur une maison,

---

[1] beruhigen. [2] klärt sich auf. [3] Schaden (dommage rend sage, durch Schaden wird man klug). [4] hat eingeschlagen (tomber des nues,

dépourvue de paratonnerre. Elle a frappé[5] un homme et l'a paralisé.[6] Elle a aussi incendié[7] une maison ; on entend crier au feu et le bruit des pompes à feu[8] se mêler aux cris des maîtres-pompiers donnant des ordres aux pompiers. Ceux-ci font jouer les pompes afin d'éteindre[9] l'incendie, tandis que des tourbillons de feu et de fumée[10] s'élevant dans les airs semblent se moquer de leurs efforts. On réussit pourtant à vaincre l'élément déchaîné ; le corps du bâtiment[11] est sauvé ; mais le bâtiment attenant[12] s'est écroulé. Heureusement, on avait pu sauver tout l'ameublement qui était d'une assez grande valeur, vu que tous les meubles étaient ou d'acajou ou de noyer.[13] On apercevait alors dans la rue des armoires,[14] des secrétaires, dont l'abattant[15] était tout noirci par la fumée, des pupitres,[16] une bibliothèque, des commodes à trois tiroirs,[17] des tables rondes, encore couvertes de leurs tapis ou de toiles cirées,[18] des tables à rallonge[19] se tirant par les deux bouts, des tables à jouer, des fauteuils, des chaises rembourrées,[20] des escabeaux,[21] des sofas, des glaces et des miroirs.

---

aus den Wolfen fallen). 5 getroffen. 6 gelähmt. 7 angezündet. 8 Sprizen. 9 löschen. 10 Feuer-, Rauchsäulen (s'en aller en fumée, zu Wasser werden). 11 Hauptgebäude. 12 Nebengebäude, eingestürzt. 13 Mahagoni-, Nußbaumholz. 14 Schrank. 15 Klappe. 16 Pult, Bücherschrank. 17 Kasten. 18 Decke, Wachsleinwand. 19 Ausziehtisch. 20 gepolstert. 21 Fußbank.

22.

Après l'orage tout le monde aime à quitter la maison pour prendre l'air, pour respirer le frais.[1] Aussi M. et Mad. N. se rendirent-ils avec les enfants au jardin ; la pluie avait abattu[2] la poussière, les arbres et les buissons réjouissaient l'oeil par la verdure fraîche de leurs feuilles.[3] Les fleurs d'été : la bulle de neige,[4] la jaunette, la rose, la tulipe, le lis, le narcisse,

---

1 frische Luft schöpfen. 2 gelöscht. 3 Blätter (il tremble comme une feuille, er zittert wie Espenlaub). 4 Schneeball, Goldregen (il

l'oeillet,[5] la véronique, la giroflée, la giroflée jaune, la campanule, le pied d'alouette, la pensée, le myosotis,[6] le tournesol, la mauve, le liseron, le géranium, le réséda, le dahlia,[7] l'aster relevaient vigoureusement leurs corolles,[8] que les tiges affaiblies, fanées par l'excès de la chaleur, ne pouvaient presque porter il y avait quelque temps. Leurs douces odeurs invitaient la famille à se reposer. On s'assit dans un berceau[9] de manière qu'on pouvait regarder les différents parterres[10] et la serre. La fraîcheur agréable y retenait toute la famille jusqu'à ce que le serein se fît sentir.

---

n'est point de roses sans épines, keine Rose ohne Dornen. elle a un teint de lis et de rose, sie hat einen Teint wie Milch und Blut).
[5] Nelke, Ehrenpreis, Levkoje, Goldlack, Glockenblume, Rittersporn.
[6] Vergißmeinnicht, Sonnenblume, Malve, Winde. [7] Georgine.
[8] Krone. [9] Laube. [10] Blumenbeete, Treibhaus.

23.

Mais la chaleur augmente de plus en plus; on s'enfuit de la ville, remplie de nuages de poussière que les voitures à arroser ne peuvent abattre. La haute-volée va aux eaux[1] pour prendre les eaux[2] et pour fortifier[3] la santé affaiblie. Les jeunes gens entreprennent des voyages d'agrément;[4] ceux qui sont de bons piétons[5] font un voyage à pied. Les familles de la bourgeoisie[6] se rendent à la campagne, surtout si quelque membre de la famille doit prendre le lait ou le petit lait.[7] Les enfants s'y régalent de groseilles,[8] de groseilles vertes, de fraises, de framboises, d'airelles ou raisins des bois, qu'ils cueillent eux-mêmes sur les groseilliers, les framboisiers etc. On leur donne aussi des cerises et des prunes, des abricots et des pêches. Heureuse notre famille qui allait se rendre aux bains de mer![9] Les enfants qui n'avaient pas encore été au

---

[1] Bad. [2] Brunnenkur. [3] stärken. [4] Vergnügungsreise. [5] Fußgänger. [6] Bürgerstand. [7] Milch-, Molkenkur. [8] Johannis-, Stachel-, Erd-, Him-, Heidelbeeren. [9] Seebad (c'est la mer à boire, das ist

bord¹⁰ de la mer, attendaient¹¹ impatiemment le jour du départ, car il tarde à¹² tout le monde d'admirer la vaste mer. Les derniers jours, précédant le voyage, furent employés à faire des visites d'adieu et à faire les malles.¹³ Enfin le jour si ardemment désiré commence à poindre,¹⁴ et le fiacre est là qui mène toute la famille avec force bagage, coffres, paquets, étuis à chapeaux, sacs de nuit¹⁵ et le reste à l'embarcadère du chemin de fer.

---

ein Riesenwerk). ¹⁰ Ufer (je l'ai sur le bord des lèvres, es schwebt mir auf der Zunge). ¹¹ warten (ne l'attends qu'à toi seul, selbst ist der Mann. attendez-vous-y, da können Sie lange warten). ¹² sehnt sich. ¹³ packen. ¹⁴ bricht an. ¹⁵ Reisetasche.

24.

On était arrivé à S., port de mer,¹ ville commerçante et ville maritime. Notre famille loua un fiacre et se fit conduire à l'hôtel où elle devait passer la nuit. Dans l'avant-midi du lendemain on fit une promenade sur les remparts² de la ville dont on admira beaucoup les ouvrages de fortification.³ Lorsqu'ils furent de retour, un des garçons présenta à M. N. la carte du jour,⁴ car l'heure du dîner était arrivé. Chacun des enfants reçut la permission de choisir son mets favori.⁵ L'un commanda un potage au riz,⁶ l'autre un potage aux vermicelles,⁷ l'un demanda du rôti de boeuf, l'autre un gigot⁸ ou du beefsteak, le troisième une fraise ou un foie de veau; ⁹ M. N. choisit du gibier¹⁰ ou de la volaille et Me. N. de la fricassée, des côtelettes,¹¹ des boulettes ou de la petite-oie.¹² On eut aussi des légumes et au dessert des laitages,¹³ du pouding. M. N. ordonna aussi au sommelier¹⁴ d'apporter quel-

---

¹ Seehafen, Handels=, Seestadt. ² Wälle. ³ Festungswerke. ⁴ Speise=karte (brûler le jour, am Tage Licht brennen). ⁵ Lieblingsgericht ⁶ Reissuppe. ⁷ Nudelsuppe. ⁸ Hammelkeule. ⁹ Kalbsgekröse, Kalbs=leber. ¹⁰ Wild, Geflügel. ¹¹ Karbonade. ¹² Gänseklein. ¹³ Milch=speisen. ¹⁴ Weinkellner.

ques bouteilles de vin, du vin blanc ou du vin rouge, du vin de Bourgogne, du vin de Champagne frappé,[15] du vin du Rhin ou des vins de France. Les enfants eurent du vin trempé[16] parce que M. N. avait peur que le vin ne leur portât à la tête.

---

[15] in Eis gestellt. [16] mit Wasser vermischt.

25.

L'un des garçons de l'hôtel se tenait près de la chaise de M. N. pour ôter la soupière,[1] présenter les plats,[2] découper[3] la viande, accommoder[4] la salade dans le saladier, changer les assiettes, déboucher[5] les bouteilles avec le tire-bouchon et servir le dessert. A cet instant la gaieté des enfants avait atteint le plus haut degré. Leur père leur avait permis de prendre un doigt[6] de vin, et les voilà qui voulaient trinquer[7] avec tout le monde et qui portaient la santé de toutes les personnes présentes. Après dîner les voyageurs se rendirent au port pour arrêter leurs places sur un bateau à vapeur, car il fallait continuer le voyage par eau. Pour les enfants la vue du port était quelquechose de tout-à-fait nouveau. Ils y virent des vaisseaux de guerre, de gros navires marchands et aussi des bateaux[8] semblables à ceux que l'on voit sur les rivières, mais ceux-ci étaient beaucoup plus gros que les bateaux de la Sprée.[9] Comme on avait du temps de reste leur papa leur fit le plaisir d'aller avec eux à bord d'un vaisseau de guerre; c'était un vaisseau à trois ponts,[10] à troit mâts.

---

[1] Suppenschüssel. [2] Schüsseln. [3] zerschneiden. [4] zurecht machen. [5] entkorken. [6] Schlückchen (donner sur les doigts à q., jemand auf die Finger klopfen. montrer q. au doigt, mit den Fingern auf jemand zeigen. vous touchez au doigt, Sie können es mit den Händen greifen). [7] anstoßen. [8] Flußschiffe. [9] Spreekähne. [10] Dreidecker, Dreimaster.

26.

Les matelots[1] et les mousses étaient occupés à réparer le cordage[2] et le contremaître surveillait leur ouvrage. M. N. s'adressa au capitaine en lui demandant pardon d'avoir pris la liberté de s'introduire ainsi sans façon.[3] Le capitaine s'inclina poliment en répondant: „Point de compliments,[4] Monsieur, disposez de moi,[5] je suis charmé de pouvoir vous être utile." Il chargea un enseigne[6] d'appeler un lieutenant de vaisseau pour qu'il leur montrât tout. Celui-ci leur expliqua quelques expressions: telles que devant du pont,[7] hune etc. Il leur montra près du gouvernail[8] la boussole dont le pilote leur expliqua la nécessité,[9] il les conduisit dans les cabines[10] où ils furent heureux de voir enfin un hamac,[11] dans la cuisine du vaisseau où le maître coq[12] préparait le souper. Leur guide leur raconta quelques incidents de ces voyages sur mer.

[1] Matroſe, Schiffsjunge. [2] Tauwerk, Bootsmann. [3] ohne weiteres. [4] keine Umſtände. [5] verfügen Sie über mich. [6] Seekadet. [7] Vorderdeck, Maſtkorb. [8] Steuer, Kompaß, Steuermann. [9] Noth (faire de nécessité vertu, aus der Noth eine Tugend machen. c'est une nécessité de mourir, jedermann muß ſterben. nécessité n'a point de loi, Noth kennt kein Gebot). [10] Kajüte. [11] Hängematte. [12] Schiffskoch.

27.

La mer est la patrie des marins, dit-il, tout l'équipage[1] est réjoui quand le capitaine donne l'ordre d'appareiller[2] le vaisseau, quand on lève les ancres et que l'on met enfin à la voile.[3] Rien n'est plus beau que de naviguer à pleines voiles,[4] que de traverser le limpide[5] crystal des flots mouvants. Mais presque aucune profession ne présente autant de dangers que la nôtre. A peine s'est-on embarqué pour .... qu'on est attaqué du mal de mer, une tempête s'élève et nous jette sur

[1] Mannſchaft. [2] ſegelfertig machen. [3] unter Segel geht. [4] mit vollen Segeln fahren. [5] hell.

un banc de sable ou de pierre. Le vaisseau s'ensable,[6] nous avons la plus grande peine du monde à le mettre à flot;[6] mais le navire fait eau,[8] et il faut employer les pompes pour pomper l'eau qui pénètre par la voie d'eau. Il faut virer de bord[9] afin de gagner une île pour que le maître charpentier[10] radoube le vaisseau. Malheur[11] au navire qui essuie[12] un orage près de la côte; car si la tempête le jette sur la plage, il échoue,[13] il fait naufrage, et le soleil levant n'éclaire que les débris du vaisseau.[14]

[6] geräth auf den Sand. [7] flott machen. [8] ist leck. [9] wenden.
[10] Schiffszimmermeister, ausbessert. [11] wehe. [12] überrascht wird von.
[13] scheitert, leidet Schiffbruch. [14] Wrack.

28.

M. N. et les enfants ayant tout vu se sentaient on ne peut plus obligés[1] à leur aimable guide. M. N. lui tendit la main en disant: Mille grâces vous soient rendues de votre bonté, je ne sais comment répondre[2] à tant d'attentions, je regrette seulement de vous avoir dérangé.[3] Les enfants étaient tout pleins de ce qu'ils avaient vu et ne pouvaient assez vanter à leur maman pendant le souper la politesse, l'amabilité[4] et la complaisance du lieutenant. Le souper fut aussi bon que le dîner. On eut du thé, du chocolat; M. N. prit un verre de bière blanche, une canette[5] de bière de Bavière; on servit aussi des omelettes[6] et des beignets aux pommes.[7] Le lendemain matin M. N. acquitta la carte à payer;[8] les garçons, la fille et le valet de l'hôtel[9] eurent leurs pour-boire,[10] puis on prit congé du propriétaire de l'hôtel. On se rendit au quai[11] où une embarcation[12] attendait déjà pour transporter les passa-

[1] dankbar. [2] erwidern. [3] gestört (avoir l'estomac dérangé, verdorbenen Magen haben). [4] Liebenswürdigkeit, Gefälligkeit. [5] Seidel (aujourd'hui en chère, demain en bière (Todtenbahre), heute roth, morgen todt). [6] Eierkuchen. [7] Apfeleierkuchen. [8] Rechnung. [9] Hausknecht (voyage de maître, noce de valet, wenn die Katze fort ist 2c.). [10] Trinkgeld. [11] Bollwerk. [12] Boot.

gers à bord du bateau à vapeur qui était à l'ancre à quelque distance.

29.

Il leur restait encore quelques moments pour jeter un coup d'oeil[1] autour d'eux. Le long du quai ils virent des poissardes [2] assises près de leurs baquets qui contenaient des anguilles, [3] des turbots, des saumons, des truites, des brochets, des perches et des tanches. Des dames de la ville accompagnées de leurs servantes qui portaient des filets, des paniers ou des hottes [4] faisaient leur provision de poisson et en débattaient[5] le prix, le marchandaient.[6] Des porte-faix,[7] chargés de bagage ou traînant leurs charrettes-à-bras,[8] tâchaient de se frayer[9] un chemin en criant continuellement: gare, gare la tête![10] Et pourtant il leur arrivait de heurter[11] l'un, de pousser l'autre, de marcher sur les pieds aux uns et de renverser les chapeaux des autres. Quelques pas plus loin on était à équiper[12] un navire marchand. Des porteurs d'eau roulaient des tonneaux à travers la foule, des matelots apportaient des barils[13] de biscuit de mer et d'autres vivres.[14] — Enfin le bateau à vapeur part, la quille[15] fend les ondes et les roues à aube[16] jettent l'eau salée au visage des enfants qui s'appuient des coudes[17] sur la balustrade pour regarder le jeu des sillons creusés[18] par le vaisseau.

[1] Blick. [2] Fischfrauen. [3] Aal (il a quelque anguille sous roche, es steckt etwas dahinter), Steinbutte, Lachs, Forelle, Hecht, Barsch, Schleihe. [4] Körbe, Kiepen. [5] stritten. [6] feilschten. [7]. Lastträger. [8] Handwagen. [9] sich bahnen. [10] vorgesehen, Kopf weg. [11] stoßen. [12] ausrüsten. [13] Fäßchen. [14] Schiffszwieback, Lebensmittel. [15] Kiel. [16] Schaufelräder. [17] Ellenbogen. [18] gezogen (se creuser la cervelle, sich den Kopf zerbrechen).

30.

On passa devant les chantiers[1] et les enfants eurent le plaisir de voir lancer[2] un navire. Après quelques heures de

[1] Werft. [2] vom Stapel laufen.

navigation, on s'approcha de l'entrée du port et l'on jeta l'ancre dans la rade. Les passagers furent débarqués. D'ici notre famille avait à continuer son voyage par terre, elle devait aller en diligence.[3] Pour arriver à A. il leur fallait encore une demi-journée de diligence, puis une heure de poste,[4] suivant le manuel de la poste. Quoique le moment du départ ne fût pas encore venu, M. N. alla aussitôt retenir leurs places à la diligence de peur que dans quelques minutes il n'y eût plus de place du tout, car on se trouvait au commencement des grandes vacances d'été, des vacances de la canicule,[5] où tant de monde fait des voyages. Il lui fallut faire transporter les effets à la douane[6] pour les faire visiter s'il n'avait point de marchandises prohibées.[7] Il avait seulement quelques bagatelles,[8] qu'il déclara[9] tout de suite et pour lesquelles il paya le droit de passe.[10]

---

[3] Poſt. [4] Extrapoſt. [5] Hundstagsferien. [6] Zollhaus. [7] Steuerbares. [8] Kleinigkeiten. [9] angab. [10] Steuer.

31.

Après avoir aussi fait viser les passe-ports,[1] il retourna à la poste où il eut à payer beaucoup de surpoids, car la poste n'accorde[2] pas beaucoup de bagage aux voyageurs. Enfin tout étant en règle, on chargea[3] les effets et on partit. Comme il y avait quelques coteaux à passer dont la montée[4] était très-forte, on prit dès le premier relais un cheval de renfort,[5] et le maréchal ferrant[6] mit un autre fer au cheval de main qui s'était déferré. Au pied de la côte le postillon arrêta quelques moments pour laisser souffler[7] les chevaux; quelques-uns des voyageurs descendirent. La descente de la montagne était aussi très-rapide, le postillon mit le sabot,[8] et on lui cria de toutes parts: Postillon, allez doucement, prenez garde de ver-

---

[1] Päſſe viſiren. [2] nicht frei hat. [3] lud auf. [4] Auffahrt, ſteil (faire sauter les montées à q., jemand die Treppe hinunterwerfen). [5] zur Verſtärkung. [6] Hufſchmid. [7] verſchnaufen laſſen. [8] Hemmſchuh.

ser!⁹ M. N. préféra de faire le dernier bout du chemin avec un voiturier.¹⁰ Les parents prirent les places du fond de la voiture¹¹ et les enfants celles du devant;¹² c'était une voiture suspendue¹³ à quatre roues, de sorte qu'on était assez bien, quoiqu'elle fît des cahots,¹⁴ car le chemin était seulement un chemin vicinal,¹⁵ une chaussée de rondins.

⁹ umwerfen. ¹⁰ Miethskutscher. ¹¹ vorwärts. ¹² rückwärts. ¹³ in Federn. ¹⁴ stieß. ¹⁵ Feldweg, Knüppeldamm.

32.

Tout-à-coup le poteau¹ leur montra qu'ils avaient fait un détour,² qu'ils s'étaient trompés de route; il fallut retourner sur leur pas³ jusqu'au carrefour.⁴ On arriva cependant d'assez bonne heure à A.; la voiture s'arrêta devant l'hôtel et l'on paya le voiturier après qu'il eut déchargé les effets. M. N. s'étant reposé des fatigues du voyage, alla dans le village pour louer⁵ un appartement. La plupart des maisons étaient de simples maisonnettes de bois, des cabanes, des chaumières; ⁶ cependant on avait aussi bâti à l'usage des étrangers ⁷ quelques maisons en pierre soit d'un seul étage soit de deux. Bientôt une jolie maison avec des contrevents⁸ (des volets, des persiennes, des stores) et des rideaux de tulle attira son attention; elle avait un perron⁹ et même un balcon. La façade donnait sur la mer, et il n'y avait tout autour que de vastes emplacements.¹⁰ Le toit de la maison était plat, — en pointe, — couvert d'ardoises,¹¹ — de zinc, — de tuiles, — pourvu d'une gouttière¹² et surmonté d'une girouette. M. N. sonna et, comme il n'y avait point de concierge, ¹³ la femme du propriétaire ouvrit elle-même et le pria de se donner la peine d'entrer.

¹ Wegweiser. ² Umweg. ³ auf demselben Weg zurückfahren. ⁴ Kreuzweg. ⁵ miethen. ⁶ Strohhütten. ⁷ Badegästen. ⁸ Wetter= rouleaux, Fensterladen, Jalousien, Rouleaux, Tüllgardinen. ⁹ Frei= treppe (à Noël au perron, à Pâques au tison (Feuerbrand), grüne Weihnachten, weiße Ostern). ¹⁰ Baustellen. ¹¹ Schiefer, Zink, Ziegel. ¹² Dachrinne, Wetterfahne. ¹³ Portier.

33.

Dans la vestibule,[1] dont le pavé — le plancher[2] était sablé, il vit un paillasson et un décrottoir,[3] signes que le propriétaire aimait la propreté et haïssait la malpropreté. M. N. se décrotta pour ne pas être pris pour un homme qui n'a pas d'ordre[4] et pour ne pas salir l'escalier qu'ils allaient monter. Tout était bien propre et tout l'appartement tendu[5] de papier, à l'exception de la cuisine dont les murs étaient peints;[6] les loquets et les verrous[7] étaient de cuivre jaune et bien luisants.[8] Seulement une clef était encore chez le serrurier, parce que le panneton[9] en était cassé et l'une des vitres était aussi cassée, un carreau[10] était cassé, mais le vitrier devait la remettre le jour même. Lorsque l'on entrait dans une des embrasures[11] et qu'après avoir ouvert un battant de fenêtre[12] on s'appuyait sur l'appui de la croisée,[13] on avait une vue superbe. Le loyer[14] n'était pas très-cher vu que l'appartement était garni. L'emménagement[15] fut bientôt fait, le valet du propriétaire fit de tout le bagage une seule brouettée.[16]

---

1 Hausflur. 2 gepflasterter, gedielter Fußboden. 3 Strohdecke, Kratzbürste. 4 unordentlich. 5 tapeziert. 6 gestrichen. 7 Thürklinken, Riegel. 8 Messing, blank. 9 Bart. 10 Fensterscheibe. 11 Fensternische. 12 Flügel. 13 Fensterbrett. 14 Miethe. 15 Einziehen. 16 Schiebkarrenladung.

34.

Mad. N. se montra très-satisfaite du logement; car elle aimait à être logée spacieusement[1] et détestait les logements où l'on est à l'étroit. Tandis que les enfants exploraient[2] la maison de la cave[3] jusqu'au grenier,[4] elle se mit à dépaqueter les malles, à défaire les paquets. Après avoir serré toutes les hardes, elle se rendit à la cuisine et examina la dépense.[5]

---

1 bequem wohnen. 2 untersuchen. 3 Keller. 4 Boden. 5 Speise=

Dans la cuisine elle trouva un garde-manger [6] et sur le foyer, [7] — car à A. il n'y avait pas encore de fourneaux, [8] — elle vit du bois résineux, [9] un soufflet, un trépied. Elle sortit encore toute la batterie de cuisine, [10] qu'elle avait apportée de B.: des pots, une bouilloire, un chaudron, une casserole, le filtre à café, [11] le tambour à rôtir le café, le moulin à café et des seaux à eau. [12] A peine eut-elle arrangé tout cela que les enfants arrivèrent très-satisfaits de leur examen. Comme on était rompu de fatigue, [13] on alla se coucher aussitôt, et bientôt toute la famille dormait à pleins yeux. [14]

---

kammer. [6] Speiseschrank. [7] Herd. [8] Maschine. [9] Kien, Blasebalg, Dreifuß. [10] Küchengeschirr: Töpfe (tourner autour du pot, wie die Katze um den Brei herumgehen), Theekessel, Kessel. [11] Kaffeetrichter. [12] Wassereimer. [13] sehr ermüdet. [14] fest.

35.

Le lendemain, une vie toute différente de celle qu'ils menaient à B. commença pour les enfants. Mad. N. n'avait rien amené de son domestique; [1] elle avait accordé à la cuisinière et à la bonne [2] un congé pour aller voir leur ville natale; [3] et comme la famille n'avait ni femme de chambre, ni valet de chambre, [4] ni bonne d'enfants, ni laquais, Me. N. engagea à A. une femme de ménage [5] qui faisait plusieurs ménages, [6] mais qui ne voulait pas entrer en condition parce que les gages [7] à A. ne lui suffisaient pas pour nourrir sa famille. Or, cette femme n'ayant que quelques heures par jour à donner à Mad. N., celle-ci enrôla ses deux petites demoiselles pour l'assister dans les travaux du ménage. A cet effet elles se levaient tous les jours de grand matin pour faire le café, faire les lits, balayer [8] les chambres, essuyer la poussière avec un torchon, [9] ou épousseter les tableaux avec un époussetoir [10] etc.

---

[1] Bedienung, Bediente. [2] Hausmädchen. [3] Vaterstadt. [4] Kammerfrau, — Diener. [5] Aufwärterin. [6] mehrere Aufwartestellen hatte. [7] Lohn. [8] ausfegen. [9] Wischtuch. [10] Federwisch.

Lorsqu'elles avaient fini ces différents devoirs, toute la famille se rendait aux bains publics, qui étaient situés dans une petite île à peu de distance où l'on passait en traversant la mer dans un bac.[11]

[11] Fähre.

36.

Immédiatement après l'arrivée on se séparait; les garçons et M. N. se rendaient aux bains des messieurs; les petites demoiselles prenaient leur bain froid sous la surveillance de la baigneuse,[1] tandis que Me. N. prenait un bain tiède.[2] Après une heure de séparation on se réunissait de nouveau, et les garçons, qui avaient appris à nager à l'école de natation, ne finissaient pas pendant le trajet[3] de faire le récit de leurs prouesses. L'un avait piqué la tête,[4] l'autre fait le plongeon, le troisième savait faire la planche, savait nager entre deux eaux etc.; mais ils avaient beau prôner leurs exploits,[5] leurs soeurs n'en faisaient pas grand cas[6] et ne les écoutaient qu'avec distraction attendu qu'elles avaient à penser au menu du repas;[7] car leur maman leur avait permis d'apprendre à faire la cuisine. Elles préparaient les légumes, pelaient[8] les pommes de terre, écossaient[9] les petits pois etc. Un peu plus tard elles apprirent aussi à faire bouillir le lait et y furent bientôt habiles, quoique les premières fois elles s'y prissent mal, car, voyant le lait frémir,[10] elles voulurent l'ôter de peur qu'il ne s'en allât.[11] Elles étaient aussi chargées de faire fondre[12] le beurre dans la cuisinière[13] quand leur maman avait besoin de beurre noir[14] pour sauter qch. au beurre.

[1] Badefrau, Badekleid. [2] warm. [3] Überfahrt, Heldenthat. [4] Kopfsprung gemacht, untergetaucht, auf dem Rücken, unter dem Wasser schwimmen. [5] sich rühmen. [6] kein Aufhebens. [7] Küchenzettel. [8] abschälen. [9] aushülsen. [10] wallen. [11] überkochen. [12] schmelzen. [13] Bratpfanne. [14] braune Butter.

37.

Peu à peu elles passèrent du grade de marmitons[1] à celui de cuisinières, et grande fut leur joie lorsqu'elles eurent cuit les premières pommes de terre en robe de chambre[2] bien à point et dûment crevées.[3] On mangea ces pommes de terre délicieuses à la croque au sel.[4] Lorsqu'elles eurent appris à faire du riz au lait, du riz au gras,[5] de la purée de pommes de terre[6] et des soupes au lait, elles s'imaginèrent avoir approfondi l'art culinaire.[7] Elles faisaient les importantes,[8] quand la laitière[9] arrivait avec son pot au lait et qu'elles avaient à lui donner l'argent pour le lait et toutes les pelures et épluchures, et quand elles allaient faire des emplettes[10] pour la cuisine. Elles allaient chez l'épicier[11] et le farinier pour acheter du poivre, de la canelle, des clous de girofle,[12] un pain de sucre, de la cassonade,[13] du sirop, du sucre candi, de la farine,[14] de l'orge mondé, de la semoule, du gruau et elles prenaient grand plaisir à ranger tous ces cornets[15] d'après leur grandeur.

[1] Küchenjunge. [2] Kartoffeln in der Schaale. [3] gerade richtig geplatzt. [4] mit Salz. [5] Bouillonreis. [6] geriebene Kartoffeln. [7] erfaßt die Kochkunst. [8] thaten sich wichtig. [9] Milchfrau. [10] Einkäufe. [11] Materialwarenhändler, Mehlhändler. [12] Gewürznelken. [13] Kochzucker. [14] Mehl, Graupen, Grieß, Grütze. [15] Tüten.

38.

L'après-midi toute la famille faisait des promenades soit en voiture, soit à pied, dans les environs romantiques pour jouir des vues pittoresques[1] que les montagnes offraient. Quelquefois on faisait aussi des promenades sur eau dans une barque de pêcheur, car les habitants d'A. vivaient presque tous de la pêche, de la pêche au filet etc. Le soir, on se promenait à la plage[2] ou sur les dunes. A l'horizon on pouvait distinguer de bateaux à vapeur qui remorquaient[3]

[1] malerisch. [2] Strand. [3] im Schlepptau haben.

d'autres navires. Des lamaneurs[4] allaient à la rencontre des vaisseaux étrangers pour les piloter à la rade car il y avait près de cette côte des bas-fonds[5] et des récifs. A l'extrémité du môle ils voyaient le phare[6] et des cure-môles[7] (des machines à draguer) qui, après avoir débourbé, dragué, toute la journée, retournaient au port. Les enfants cherchaient de l'ambre jaune[8] ou des coquillages, observaient le flux et le reflux[9] ou le mouvement des vagues se brisant sur les écueils[10] qui rejaillissaient contre les rochers escarpés du rivage, écoutaient le murmure, le mugissement[11] des flots.

[4] Lotſen. [5] Untiefen, Klippen. [6] Leuchtturm. [7] Bagger, gebaggert. [8] Bernſtein, Muſcheln. [9] Ebbe und Flut. [10] Klippen. [11] Brauſen.

39.

M. N. parlait quelquefois aux enfants de l'univers,[1] du ciel, des corps célestes; il leur expliquait le mouvement des astres,[2] le système planétaire, la nature des étoiles fixes, des planètes, des comètes et des étoiles filantes.[3] Il leur montrait l'étoile polaire, la voie lactée,[4] la grande et la petite Ourse. Quelquefois il les examinait sur les éléments de la géographie. Ils lui disaient que la terre se compose de la terre ferme et de la mer; puis ils répétaient tout ce qu'ils savaient de l'équateur qui divise la terre en deux hémisphères, des parallèles et des méridiens, des degrés de longitude et de latitude. Ils nommaient le tropique du cancer et le tropique du capricorne, le cercle polaire arctique et le cercle polaire antarctique qui divisent la terre en les cinq zones, savoir: la zone torride, les deux zones tempérées et les deux zones glaciales, enfin les quatre points cardinaux.[5] Ils parlaient de la rotation de la terre autour de son axe et de sa révolution autour du

[1] Weltall. [2] Geſtirne (il l'a fait de son propre mouvement, er hat es aus eigenem Antriebe gethan). [3] Sternſchnuppen. [4] Milchſtraße. [5] 4 Himmelsgegenden.

soleil, des deux points fixes de la terre, le pôle boréal et le pôle austral.

40.

Souvent les entretiens de ce genre se prolongeaient jusqu'au coucher du soleil, et l'on se rendait à la maison au clair de la lune que l'on se réjouissait de voir sans couronne.[1] Les jours pluvieux on cherchait d'autres passe-temps?[2] Les enfants se mettaient alors à leurs devoirs de vacances. Leur manière de procéder était à peu près celle-ci: ils faisaient d'abord un brouillon[3] de tous leurs thèmes etc., pour les mettre après au net,[4] pour en faire une copie soignée dans un cahier bien réglé,[5] muni d'un morceau de papier brouillard. Ils tâchaient de bien écrire, car ils n'aimaient pas de voir écrits au bas de leurs copies de la main de leur maître ou de celle de leur maîtresse, de celle de leur professeur ou de celle de leur directeur ces vilains mots: Quel griffonnage.[6] Ils prenaient aussi bien garde de se tromper en écrivant[7] pour ne pas être obligés de raturer[8] ou de rayer un mot, et évitaient avec soin d'employer l'encrier au lieu du poudrier,[9] pour ne point faire de taches, de pâtés d'encre.[10]

---

[1] Hof. [2] Zeitvertreib. [3] schrieben sie erst ins Diarium. [4] ins Reine schreiben. [5] liniirt. [6] Gekritzel. [7] sich verschreiben. [8] radiren, ausstreichen. [9] Sandfaß (jeter de la poudre aux yeux de q., jemand Sand in die Augen streuen). [10] Tintenflecke.

41.

Après avoir travaillé plusieurs heures d'arrache-pied,[1] ils allaient ordinairement trouver[2] les enfants du propriétaire qui étaient assez obéissants quoique quelquefois un peu rudes et turbulents.[3] C'étaient après tout de bons camarades de jeu, d'autant plus qu'ils étaient presque du même âge que nos jeunes

---

[1] hinter einander. [2] aufsuchen. [3] roh und wild.

amis. M. N. avait trouvé quelques personnes de sa connaissance de B., avec lesquelles il se rencontrait les jours de pluie dans la maison de réunion.[4] Comme il n'aimait pas les jeux de hasard:[5] le jeu de dés[6] etc., il s'entretenait avec ses amis à faire une partie de billard ou bien un jeu de quilles,[7] dans lequel il tentait ses premiers débuts.[8] Quelquefois il jouait aussi avec ses enfants aux échecs[9] et aux dames sur l'échiquier et le damier, plus rarement aux cartes. De cette façon on passa les quatre semaines sans ennui; les enfants avaient tant d'amusements. Leur seul déplaisir fut de voir approcher le moment du retour à B., car les classes recommençaient le lundi de la semaine à venir. Ce fut le samedi d'avant que l'on quitta A.; on prit congé des hôtes, et les enfants embrassèrent tendrement leurs jeunes amis dont ils avaient reçu tant de témoignages[10] d'amitié et leur promirent de correspondre avec eux.

---

[4] Curhaus. [5] Glücksspiele. [6] Würfelspiel (tenir le dé dans une société, in einer Gesellschaft das Wort allein führen). [7] Kegel. [8] Anfang. [9] Schach. [10] Beweise (faites-moi l'amitié, thun Sie mir den Gefallen. l'amitié passe le gant, unter Freunden macht man keine Umstände).

42.

Et en effet, dès les premiers jours de leur arrivée à B. les jeunes filles songèrent à s'acquitter de leur promesse, car leur mère leur avait bien souvent répété: Chose promise, chose due; tandis que leurs frères, dans leur légèreté,[1] avaient déjà oublié leurs amis. Elles allèrent donc chercher tout ce qu'il faut pour écrire:[2] le porte-feuilles de lettres, du papier à lettres, un guide-ânes,[3] un étui à plume, un porte-plume et une plume métallique qui allait bien. Elles prirent ensuite une feuille,[4] écrivirent la date, puis le titre en vedette,[5] laissèrent quelques

---

[1] Leichtsinn. [2] alle Schreibmaterialien. [3] Linienblatt. [4] Bogen. [5] Überschrift auf eine besondere Linie.

lignes en blanc[6] et à gauche une grande marge.[7] Dans le corps de la lettre[8] elles parlaient de leur voyage et de leur vie à B. Elles n'oublièrent point la signature,[9] et dans le postscriptum elles demandèrent à leurs amies de répondre à leur lettre. Après cela elles plièrent la lettre, la mirent dans une enveloppe, la cachetèrent avec de la cire d'Espagne ou des pains à cacheter et mirent l'adresse:
Mademoiselle
  Mademoiselle E. M.
        S.
      12. rue de la plage.
affranchie.

Puis elles coururent vite mettre cette précieuse lettre dans une boîte-borne, une boîte aux lettres. Le facteur[10] venait d'heure en heure faire la levée des lettres. Un quinzaine de jours après, elles reçurent aussi une lettre, marquée d'un timbre-poste;[11] c'était la réponse.

[6] frei. [7] Rand (cela ne presse pas, j'ai encore de la marge, das eilt nicht, ich habe noch Zeit). [8] eigentliche Brief. [9] Unterschrift. [10] Briefträger nahm heraus. [11] Freimarke.

43.

Cependant les études avaient recommencé de plus belle;[1] les trois frères allaient de nouveau au collège;[2] l'un était en troisième, l'autre en quatrième, première division, et le troisième était élève de 5ième. Leurs soeurs suivaient les cours d'un externat de jeunes demoiselles[3] et prenaient en outre des leçons particulières[4] d'un professeur de langues[5] qui ne donnait pas de leçons en ville.[6] Les enfants avaient aussi des leçons de musique et de dessin. Les filles apprenaient le piano, elles avaient à jouer à première vue[7] des morceaux faciles puis à

[1] noch eifriger. [2] Gymnasium. [3] höhere Töchterschule. [4] Privatstunden. [5] Sprachlehrer (ne pouvoir tenir sa langue, seinen Mund nicht halten können). [6] außer dem Hause. [7] vom Blatt.

s'exercer aux gammes et aux tremblements;[8] les garçons jouaient du violon, de la viole, du violoncelle. Ils devaient savoir tenir l'archet,[9] manier les chevilles[10] pour hausser ou baisser une corde.[11] Les filles dessinaient des fleurs d'après nature et les garçons des têtes d'après la bosse.[12] Les garçons prenaient aussi des leçons de gymnastique.[13] Mais comme ceux-ci aussi bien que leurs soeurs avaient les mercredis et les samedis des demi-congés,[14] on en profitait pour faire des promenades.

[8] Tonleiter, Triller. [9] Bogen. [10] handhaben, Wirbel. [11] höher, niedriger stimmen, Saite. [12] Gips. [13] Turnstunden. [14] freie Nachmittage.

44.

Un jour on alla voir le jardin zoologique. Les enfants s'amusaient d'abord à regarder les singeries[1] des singes dans le palais des singes. Puis on se rendit à la fosse aux ours;[2] les ourses léchaient[3] leurs petits, l'ours blanc[4] faisait le beau pour un morceau de pain, le raton laveur[5] grimpait en haut du tronc pour l'attraper.[6] De tous côtés on entendait le lion et la lionne rugir, le tigre et la tigresse rauquer,[7] le loup et la louve hurler,[8] le renard et la renarde glapir.[9] On examina curieusement le chacal, l'hyène, la panthère, le loup-cervier,[10] le léopard, le blaireau dans son terrier de blaireau,[11] la martre, la belette,[12] le putois, le kanguroo (sp. roo), le castor,[13] le porc-épic, la marmotte et le marmot. L'éléphant faisait ses tours des mains[14] avec sa trompe. M. N. fit remarquer aux enfants ses défenses[15] desquelles on gagne l'ivoire. On admira beaucoup le rhinocéros, l'hippopotame,[16] le mulet, le zèbre, le chameau[17]

[1] Grimassen, Affen. [2] Bärengraben. [3] leckten. [4] Eisbär machte schön. [5] Waschbär. [6] ertappen (attrape, attrape! etsch, etsch!). [7] brüllen. [8] heulen (il faut hurler avec les loups, mit den Wölfen muß man heulen; en parlant du loup, on en voit la queue, wenn man vom Wolfe spricht u. s. w.). [9] kläffen. [10] Luchs. [11] Dachs, Dachsbau. [12] Wiesel, Iltis. [13] Biber, Stachelschwein, Meerkatze. [14] Kunststücke, Rüssel. [15] Hauer. [16] Nilpferd, Maulthier. [17] Kamel.

et le dromadaire avec leurs bosses, le lama, la girafe, le renne, l'élan,[18] le chamois et la gazelle. Il y avait aussi une autruche[19] dans le jardin, un ibis et un flamant.[20] En dernier lieu on alla rendre visite aux reptiles. La tortue[21] avec sa carapace, le crocodile, le lézard,[22] le serpent gigantes que, le s. à sonnettes, la couleuvre et l'orvet. Près de la porte du jardin étaient suspendues les cages aux perroquets;[23] elles étaient entourées d'un groupe d'enfants qui taquinaient[24] les oiseaux en criant: perruche, perruche.[25]

---

[18] Elenthier, Gemse. [19] Strauß. [20] Flamingo. [21] Schildkröte, Schild (marcher à pas de tortue, wie eine Schnecke gehen). [22] Eidechse, Riesen-, Klapperschlange, Natter, Blindschleiche. [23] Papagei. [24] necken. [25] Papchen.

45.

Une autre fois on alla au parc où il y avait de belles fontaines, des étangs peuplés de dorades[1] et de carpes auxquelles les enfants donnaient à manger. Au-dessus de l'eau[2] des mouches[3] et des cousins[4] jouaient aux rayons du soleil. On n'oublia pas non plus de visiter les champs, qui offraient maintenant un tout autre aspect qu'au printemps. Le temps de la moisson[5] était venu; les moissonneurs[6] et les moissonneuses coupaient le blé avec leurs faux[7] et leurs faucilles, liaient les gerbes[8] et les engrangeaient. Les prés étaient dejà fauchés,[9] les meules de foin[10] avaient disparu.

---

[1] Goldfische. [2] Wasser (il ne voit pas eau dans la rivière, er sieht den Wald vor Bäumen nicht). [3] Fliegen (il est tendre aux mouches, er ärgert sich über die Fliege an der Wand. quelle mouche vous a piqué? was fehlt dir? faire d'une mouche un éléphant, aus der Mücke einen Elephanten machen. des pieds de mouche, Krakelfüße). [4] Mücke. [5] Ernte. [6] Schnitter. [7] Sense, Sichel (être droit comme une faucille, verwachsen sein). [8] banden Garben, brachten sie in die Scheunen. [9] abgemäht. [10] Heuhaufen.

III. L'Automne.
46.

Tout dans la nature annonçait l'approche de l'automne, qui ne tarda pas à venir en effet. Dès lors M. N. renonça à faire avec ses enfants des promenades dans les champs[1] où les glaneurs[2] avaient déjà glané les derniers épis et les souris champêtres[3] avaient ramassé leur provision[4] d'hiver. On y voyait seulement des enfants qui faisaient voler des cerfs-volants[5] dans les chaumes,[6] tandis que les laboureurs façonnaient[7] d'autres champs pour le blé d'hiver. Les messieurs de la ville y faisaient la chasse aux perdrix, aux bécasses[8] etc. Pour dédommager[9] les enfants de la perte de ces promenades, M. N. pria un fermier de ses amis de les inviter au bal, c'est-à-dire à un bal champêtre que le fermier donnait à ses laboureurs pour célébrer la fête de la moisson. La récolte[10] des grains, la fenaison avaient été bien abondantes.[11] Les travaux de la récolte avaient été terminés le mardi et le jeudi suivant ils reçurent la lettre d'invitation pour le lendemain, vendredi, jour fixé pour la fête. Heureusement, les enfants avaient congé ce jour-là, et on partit joyeusement.

---

[1] Felder (en plein champ, auf freiem Felde. avoir un oeil aux champs et l'autre à la ville, seine Augen überall haben). [2] Ährenleser. [3] Feldmaus (on entendrait trotter une souris, es ist mäuschenstill). [4] Vorrath (bonne provision de patience, gehörige Dosis Geduld). [5] Drachen. [6] Stoppelfelder. [7] bestellten. [8] Rebhuhn, Schnepfe. [9] entschädigen. [10] Ernte, Heuernte. [11] reichlich.

47.

La grange,[1] ornée de couronnes d'épis et de fleurs, avait été métamorphosée en salle de danse. Les ouvriers[2] et les ouvrières étaient en grande parure de bal et se montraient très-passionnés pour la danse.[3] On dansait sur l'aire[4] où quel-

---

[1] Scheune. [2] Arbeiter. [3] leidenschaftliche Tänzer. [4] Tenne.

ques jours après les batteurs[5] devaient battre le blé avec leurs fléaux. L'orchestre se composait de beaucoup d'instruments à vent :[6] d'une flûte, d'un hautbois, d'un basson, d'une clarinette, d'un cor, d'une trompette. On avait encore une grosse caisse, [7] un triangle et des cymbales, etc. Les musiciens jouaient assez bien, mais comme ils n'avaient pas de maître de chapelle, ils n'observaient pas la mesure [8] et les enfants se bouchaient [9] quelquefois les oreilles pour ne pas entendre cette cacophonie. [10] Cependant les campagnards [11] ouvrirent le bal, engagèrent leurs danseuses et se mirent à danser leurs valses, leurs galops, leurs polkas et leurs danses rhénanes avec tous les signes d'une joie vive et bruyante. La valse à deux temps [12] surtout paraissait être leur danse favorite, ils trépignaient [13] des pieds en la dansant à faire trembler toute la grange. Enfin, tout le monde semblait heureux et s'en donnait à coeur joie. Les enfants s'étaient bientôt mêlés à cette foule joyeuse et les garçons tournaient les paysannes en rond [14] que cela faisait plaisir à voir. Ils arrangeaient même des contre-danses et des quadrilles et inventaient des tours, par bonheur ils n'avaient pas de cors aux pieds, [15] car leurs danseurs et leurs danseuses leur marchaient souvent sur les pieds.

---

[5] Drescher. [6] Blasinstrumente (ce qui vient par la flûte, s'en retourne au tambour, wie gewonnen, so zerronnen). Oboe, Fagott, Horn (à cor et à cri, mit Ungestüm). [7] Pauke. [8] Takt halten (je prendrai mes mesures, ich werde meine Maßregeln ergreifen). [7] sich zuhalten. [10] Mistöne. [11] Landleute. [12] Zweitritt. [13] stampften. [14] drehten herum. [15] Hühneraugen.

48.

Les jardiniers étaient obligés d'étayer [1] les branches des arbres fruitiers qui ployaient [2] sous le poids de leur fruits. Les enfants eurent tant de prunes, de poires et de pommes

---

[1] stützen. [2] bogen (mieux plier que rompre, besser biegen als brechen).

qu'ils n'avaient pas besoin d'en acheter des fruitières[3] qui étaient assises aux coins des rues. Ces fruits leur faisaient oublier les oranges douces[4] qu'ils avaient tant aimées au printemps. Les vendanges[5] commencèrent; les vendangeurs firent vendange;[6] les grappes de raisin[7] furent envoyées aux villes où on les pressurait pour gagner du vin que les marchands de vin vendaient bien cher aux gourmets.[8] Le feuillage de la vigne[9] resta seul pour orner les vignes[10] de ses feuilles bigarées.

Quelquefois il y avait des courses de chevaux[11] près de B., et M. N. y conduisit ses enfants. Ils voyaient arriver à l'hippodrome les jockeys, accompagnés de leurs maîtres[12] qui faisaient des gageures (des paris)[13] et perdaient ou gagnaient de grosses sommes d'argent. Mais malheur au pauvre groom (ſp. ou) dont le cheval s'abat sous lui[14] et qui fait ainsi perdre la gageure.

---

[3] Obſtfrau. [4] Apfelſinen. [5] Weinleſe. [6] Weinleſe halten, auch profitiren. [7] Weintraube. [8] Weinkenner. [9] Weinlaub. [10] Weinberg. [11] Pferderennen. [12] Herrn (tel maître, tel valet, wie der Herr, ſo der Knecht. les apprentis ne sont pas maîtres, es iſt noch kein Meiſter vom Himmel gefallen). [13] wetten. [14] ſtürzt.

49.

Dans les forêts règne la vie la plus active. Les chasseurs, armés de fusils et de couteaux de chasse, la gibecière[1] et le cor de chasse suspendus sur leurs épaules,[2] accompagnés de leurs chiens de chasse, qui font lever le gibier,[3] y font la chasse aux lièvres,[4] aux cerfs[5] et aux sangliers.[6] Les gardes-forêt battent[7] la forêt pour attraper les braconniers[8] et les voleurs

---

[1] Jagdtaſche. [2] Schultern (hausser les épaules, mit den Achſeln zucken. regarder q. par-dessus l'épaule, jemand über die Achſel anſehen). [3] aufſtöbern. [4] Haſe (c'est là que gît le lièvre, da liegt der Haſe im Pfeffer). [5] Hirſch (on connaît le cerf à ses abattures, man kennt den Vogel an seinen Federn). [6] Eber. [7] Förſter durchſtreifen (les battus paieront l'amende, wer den Schaden hat, darf für den Spott nicht ſorgen). [8] Wilddiebe.

de bois; les fendeurs de bois⁹ abattent avec leurs cognées les arbres qui s'étaient dépouillés. Les oiseleurs¹⁰ mettent leurs lacs (ſp. la), des enfants pauvres cherchent des champignons et ramassent des feuilles et des rameaux secs, les charbonniers¹¹ construisent leurs piles à charbons pour faire du charbon.

⁹ Holzhauer.   ¹⁰ Vogelsteller, Schlinge.   ¹¹ Köhler.

50.

Le temps devient de plus en plus plus froid, le ciel est nuageux, il fait du vent, il fait grand vent, il fait un vent rude, perçant;¹ il fait du brouillard,² un brouillard si épais qu'on ne voit guère à deux pas devant soi, le soleil ne le dissipe³ qu'à midi. On ne quitte plus la ville; on se contente de faire des promenades dans les quartiers ou dans les faubourgs⁴ de B. Ces derniers ne sont plus séparés de la cité ⁵ par des murs d'enceinte; ceux-ci ont été démaçonnés.⁶ On a seulement laissé subsister les portes ou barrières, à côté desquelles se trouvent les bâtiments de l'octroi⁷ où les employés de l'octroi perçoivent l'octroi. On parcourt les rues et les ruelles qu'on tâche d'élargir⁸ maintenant, parce qu'elles sont trop étroites. Toutes les rues sont bien fréquentées;⁹ on peut à peine traverser la chaussée,¹⁰ surtout à un carrefour, quand on veut passer de l'autre côté, tant il y passe continuellement d'omnibus etc.

¹ schneidend (cela me perce le coeur, das zerreißt mir das Herz). ² Nebel. ³ zerstreut. ⁴ Vorstadt. ⁵ Altstadt. ⁶ niedergerissen. ⁷ Steuerhaus. ⁸ erweitern. ⁹ lebhaft. ¹⁰ Damm.

51.

A tous moments le passage est barré;¹ ici les paveurs ² ont dépavé les rues pour les paver de nouveau, là on perce ³ une nouvelle rue, ici un monsieur à cheval a renversé un enfant ou une voiture a écrasé⁴ quelqu'un; les sergents de ville ⁵

¹ versperrt.   ² Straßenpflasterer.   ³ durchbricht.   ⁴ übergefahren.
⁵ Schutzmann.

accourent pour disperser la foule des curieux et des polissons. [6]
Là, devant cette maison du coin, beaucoup de gens sont attroupés [7] autour d'une vespasienne [8] pour lire les placards qui y sont affichés. Dans cette rue, des charpentiers [9] érigent un échafaudage; des maçons [10] élèvent un mur, éteignent de la chaux; les aide-maçons [11] montent et descendent les échelles avec leurs oiseaux et les badigeonneurs [12] peignent la maison. Dans l'autre rue, le tablier [13] d'un pont-levis est levé, et il faut attendre qu'il soit baissé. On passe par les marchés [14] où se tiennent les foires [15] et où, dans les petites villes, les acrobates, [16] les joueurs de gobelets (faiseurs de tours de passe-passe) font leurs tours d'adresse, par les halles aux blés, aux poissons etc., près de l'écluse. [17]

[6] Straßenjunge. [7] versammelt. [8] Anschlagesäule. [9] Zimmerleute, errichten, Gerüst. [10] Maurer, Kalk. [11] Handlanger, Leiter, Mulde. [12] Anstreicher. [13] Flügel, Zugbrücke. [14] Marktplätze (avoir bon marché de q., leicht mit jemand fertig werden. mettre le marché à la main à q., einem den Stuhl vor die Thür setzen. par-dessus le marché, noch obendrein. à bon marché, billig). [15] Jahrmarkt. [16] Seiltänzer, Taschenspieler, Kunststücke. [17] Schleuse.

52.

Dans ces promenades à travers [1] la ville M. N. montre aux enfants tous les édifices publics, [2] le château [3] royal et les palais avec leurs portails et leurs rampes, et les enfants plaignent d'abord les pauvres sentinelles [4] qui doivent faire sentinelle là nuit et jour sans autre abri que leur guérite. [5] Mais le père leur explique qu'on les relève [6] après quelques heures, et dès lors les enfants s'amusent de bon coeur quand ils entendent les sentinelles devant le corps de garde [7] crier: aux armes, [8] cri qui s'élève chaque fois que Leurs Majestés

[1] quer (regarder de travers, jemand scheel, mit Widerwillen ansehen). [2] öffentlich (rendre une chose publique, etwas öffentlich bekannt machen). [3] Schloß (faire des châteaux en Espagne, Luftschlösser machen). [4] Schildwache. [5] Schilderhaus. [6] ablöst. [7] Wache. [8] heraus.

le Roi et la Reine, Son Altesse royale le Prince Royal, héritier présomptif[9] de la couronne et d'autres princes viennent à passer. Et les soldats savent reconnaître déjà de loin les carrosses des chambellans,[10] des dames d'honneur et des autres nobles admis à la cour,[11] auxquels on ne rend pas de tels honneurs.[12] On passait devant l'Hôtel de ville,[13] où le bourgmestre[14] (le maire), le conseil municipal, — les conseillers municipaux —, les autorités communales tiennent conseil dans la salle du conseil et délibèrent[15] sur le bien-être des bourgeois, (des citoyens). On passait aussi assez souvent devant l'Hôtel de la Chambre des députés,[16] où les députés que les électeurs[17] de toutes les provinces, de toutes les régences,[18] de la résidence et de tous les chefs-lieux du royaume constitutionnel ont élus, tiennent leurs séances[19] pendant la session.

---

[9] muthmaßliche Thronfolger. [10] Kammerherr, Hofdame. [11] hoffähig.
[12] Ehren (à tout seigneur, tout honneur, Ehre, wem Ehre gebührt).
[13] Rathhaus. [14] Bürgermeister, Magistrat, Rathsherrn, Stadtbehörden.
[15] berathen, Bürger. [16] Abgeordnetenhaus. [17] Wähler. [18] Regirungsbezirk. [19] Sitzung, Sitzungszeit.

53.

Ils allaient voir les hôtels des ministères, celui du ministère de l'intérieur, celui du ministère des affaires[1] étrangères, ceux des ministères de la guerre, de la marine, de la justice, de l'industrie et du commerce, des cultes et de l'instruction publique, enfin celui du ministère des finances, ou bien l'hôtel de l'ambassade, la Bibliothèque, les casernes, la Poste et quelques beaux monuments en marbre, en albâtre,[2] en bronce et en plâtre, érigés en l'honneur d'hommes célèbres. M. N. les conduisit un jour dans la maison des orphelins,[3] dans l'hôpital des aliénés, dans un hôpital de sourds et muets,[4] d'aveugles-

---

[1] Geschäft (cela ne fait rien à l'affaire, das thut nichts zur Sache.
[2] Alabaster, Gips. [3] Waisen-, Irrenhaus. [4] Taubstummen-, Blindenanstalt (faire la sourde oreille, sich taub stellen. au pays des aveugles les borgnes (der Einäugige) sont rois, wo kein Gelehrter ist, gelten die Stümper).

nés, dans une clinique pour les maladies des yeux,[5] où les oculistes guérissent les maladies des yeux, ôtent la cataracte,[6] ou posent[7] des yeux artificiels aux borgnes.[8] Un jour, passant devant l'université, M. N. parla aux enfants des différentes facultés, des professeurs auxquels les étudiants donnent quelquefois des sérénades aux flambeaux,[9] des cours[10] que les étudiants ne suivent[11] pas toujours régulièrement, de la passion[12] des étudiants de se battre en duel au pistolet, au sabre. Pour savoir manier les armes, chaque étudiant apprend à tirer des armes[13] d'un maître d'escrime[14] dans une salle d'armes.

[5] Augenklinik, Augenarzt. [6] operiren den Staar. [7] einsetzen. [8] Einäugige. [9] Fackelzug. [10] Vorlesungen. [11] hören (suivre ses caprices, sich seinen Launen überlassen). [12] Leiden (souffrir mort et passion, in Todesängsten sein). [13] fechten. [14] Fechtmeister.

54.

Dans une de leurs courses ils passèrent devant la Monnaie[1] où l'on fabrique les pièces d'argent, d'or, de cuivre etc. ce que l'on appelle: battre monnaie, devant l'hôtel des Invalides et devant une église catholique et, comme les portes de cette dernière étaient ouvertes, ils y entrèrent. L'officiant[2] disait la messe devant le maître-autel,[3] les enfants de choeur encensaient, les fidèles s'aspergeaient[4] d'eau bénite, faisaient le signe de la croix etc, Le dimanche suivant ils allèrent à l'église protestante et, lorsque l'assemblée, accompagnée de l'organiste qui jouait de l'orgue, entonna[5] le cantique du livre de cantiques, lorsque le prédicateur (le pasteur, le ministre), revêtu de sa robe simple, monta en chaire[6] et prononça son beau sermon,[7] ils se sentirent bien aises de leur service religieux[8] si simple en le comparant à l'office divin cérémonieux

[1] Münze (rendre à q. la monnaie de sa pièce, jemand mit gleicher Münze bezahlen. le papier-monnaie, Papiergeld). [2] der Priester, der den Gottesdienst versieht. [3] Hauptaltar. [4] Gläubigen besprengten sich mit Weihwasser. [5] anstimmte. [6] Kanzel. [7] Predigt hielt. [8] Gottesdienst.

des catholiques. Lorsque le sermon fut fini,⁹ les enfants ne se retirèrent pourtant pas aussitôt, car le sacristain¹⁰ leur avait dit qu'il y aurait encore un baptême.¹¹ Le parrain et la marraine¹² tenaient leur filleul (leur filleule) sur les fonts de baptême pendant que le pasteur baptisait l'enfant; autour de ce groupe on voyait les personnes qui avaient été invitées d'assister au baptême.¹³

---

⁹ Predigt war aus. ¹⁰ Kirchendiener. ¹¹ Taufe. ¹² Pathen, Täufling über die Taufe halten. ¹³ zu Taufzeugen eingeladen.

55.

La cérémonie ne dura pas longtemps, car le ministre avait encore à marier¹ un jeune couple (à donner la bénédiction nuptiale à un j. c.), et comme les enfants n'avaient jamais assisté à un mariage ou époussailles,² n'avaient jamais vu de bénédiction nuptiale³ ou noce, ils restèrent aussi. Le futur⁴ (le fiancé) et la future (la fiancée) vétue de sa robe nuptiale, voilée et parée d'une couronne de myrte, accompagnés des conviés⁵ et précédés du bedeau,⁶ sortirent de la sacristie, pour se faire marier. La famille de la prétendue étant très-riche, celle-ci avait reçu un riche trousseau⁷ et une grande dot⁸ (sp. dotte) et les parents donnèrent un magnifique repas de noce. Les fiançailles⁹ des jeunes mariés avaient été célébrées de la même manière libérale. En sortant de l'église, les conviés mirent quelques pièces d'argent dans le tronc des pauvres.¹⁰

---

¹ trauen. ² bei einer Trauung gewesen. ³ Trauung. ⁴ Bräutigam. ⁵ Hochzeitsgäste. ⁶ Küster. ⁷ Ausstattung. ⁸ Mitgift. ⁹ Verlobung. ¹⁰ Armenbüchse (publier le bans, aufbieten).

56.

En s'en retournant à la maison les enfants rencontrèrent un convoi funèbre.¹ Le cercueil² était posé sur le char fu-

---

¹ Leichenzug. ² Sarg.

nèbre et couvert d'un poêle³ (sp. poale), dont les croque-morts⁴ portaient les quatre coins. Toute la famille du défunt⁵ en vêtements de deuil⁶ (les domestiques portaient également le deuil de leur maître) faisait partie du cortége qui se rendait au cimetière où le fossoyeur⁷ avait creusé la fosse sur laquelle devait bientôt s'élever le tombeau, ornée d'une tombe.⁸ On l'enterra⁹ avec beaucoup de pompe, une oraison funèbre¹⁰ édifiante fut prononcée, pendant laquelle tous ceux qui assistaient aux funérailles¹¹ (qui étaient invités à l'enterrement),¹² restèrent chapeau bas (découverts). La veuve¹³ hérita de toute la fortune du défunt, car le testateur¹⁴ avait légué toute sa succession¹⁵ à sa femme à l'exception de quelques legs¹⁶ (sp. lé) laissés à ses domestiques.

³ Leichentuch. ⁴ Leichenträger. ⁵ Verstorbene. ⁶ Trauer (il porte le deuil de sa blanchisseuse, er trägt schmutzige Wäsche). ⁷ Todtengräber. ⁸ Leichenstein. ⁹ begrub. ¹⁰ Leichenrede. ¹¹ Leichenbegängniß. ¹² Beerdigung. ¹³ Witwe, erbte. ¹⁴ Erblasser, vermacht. ¹⁵ Nachlaß. ¹⁶ Legate.

57.

Bien souvent aussi nos promeneurs rencontrèrent des régiments de cavalerie en grande¹ ou en petite tenue ou des régiments, des bataillons d'infanterie, munis de havre-sacs² et de gibernes, ou des détachements d'artillerie à cheval et à pied avec de l'artillerie de campagne³ (des pièces de campagne). Les troupes marchaient tambour battant et enseignes déployées,⁴ les tambours battaient du tambour, de la caisse, battaient le roulement⁵ et les fifres⁶ se faisaient entendre. Chaque régiment était accompagné d'une cantinière.⁷ Quelquefois ils passèrent aussi par une place d'armes⁸ où les sous-officiers faisaient faire l'exercice aux simples soldats, aux

¹ Parade-, Dienstuniform. ² Tornister, Patronentasche. ³ Feldgeschütze. ⁴ unter klingendem Spiel, mit fliegenden Fahnen. ⁵ Wirbel. ⁶ Pfeifer. ⁷ Marketenderin. ⁸ Exercirplatz.

recrues. Ils allèrent même une fois regarder une grande parade, où ils virent tout l'état-major,[9] les généraux, la poitrine couverte de décorations,[10] les colonels,[11] les capitaines, les lieutenants etc.

[9] Generalstab. [10] Orden. [11] Oberst.

58.

Un jour M. N. reçut d'une famille alliée[1] qui voulait changer de domicile,[2] la commission[3] de lui chercher un appartement convenable. M. N. parcourut plusieurs rues et monta dans toutes les maisons où un écriteau[4] annonçait: Appartement à louer. Il trouva enfin ce qu'il cherchait. C'était le premier étage d'une belle maison. Tout l'appartement se composait de plusieurs pièces de plain-pied:[5] le salon,[6] la salle à manger, l'étude; la chambre à coucher, un cabinet contigu,[7] une alcôve et la cuisine donnaient sur une petite cour où l'on voyait le puits[8] et un trou aux ordures[9] pour y jeter les balayures. Dans ce moment un joueur d'orgue de barbarie[10] jouait dans cette cour. Les portes étaient des portes à deux battants,[11] la porte de l'antichambre[12] avait une serrure à double tour[13] (une serrure qui avait un pêne à ressort).[14] Les marches[15] du grand escalier (il y avait encore un escalier de service,[16] même un escalier dérobé qui était un escalier à vis) étaient bien commodes; l'escalier était pourvu d'une rampe solide[17] et était à plusieurs paliers.[18] Il y avait aussi un conduit d'eau[19] dans la maison. M. N. convint[20] bientôt avec le propriétaire du loyer et signa le contrat de louage ou bail.

[1] befreundet. [2] Wohnort verändern. [3] Auftrag. [4] Miethszettel. [5] in einer Flucht. [6] Besuchs-, Eßzimmer. [7] daran grenzend. [8] Brunnen (un puits d'or, eine wahre Goldgrube). [9] Müllgrube. [10] Leierkasten. [11] Flügelthüren. [12] Vorzimmer. [13] Schloß, das zweimal herumschließt. [14] Drückerschloß. [15] Stufen. [16] Nebentreppe, geheime, Wendeltreppe (faire qch. à ses heures dérobées, sich die Zeit zu etwas stehlen). [17] Geländer. [18] Treppenabsätze. [19] Wasserleitung. [20] wurde einig.

59.

Le rez-de-chaussée[1] était occupé[2] par le propriétaire, qui était barbier de son métier et avait sa boutique dans l'arrière-corps.[3] M. N. le connaissait dès longtemps et par cette raison il était bien content du hasard qui l'avait conduit dans cette maison. C'était un homme intelligent,[4] loyal, qui ne connaissait pas l'art de dissimuler,[5] l'hypocrisie, bien humble,[6] mais son humilité ne dégénérait[7] jamais en bassesse, et malgré sa modestie il ne s'abaissait[8] jamais devant les riches. Il aimait aussi la tempérance,[9] la sobriété, il appartenait même à une société de tempérance dont les membres avaient juré[10] d'être toujours sobres, et comme il était habile et servait bien ses pratiques,[11] tout le quartier venait se faire raser (se faire faire la barbe[12]), par lui ou par son garçon barbier. Celui-ci était la gazette du quartier[13] (on prétend que tous les hommes de ce métier sont des bavards)[14] et racontait aux curieux toute la chronique scandaleuse[15] de la ville. Son maître qui détestait un tel verbiage,[16] le fâchait souvent par l'exclamation: quelle langue! Il avait déjà songé à congédier (à renvoyer[17]) cet indiscret[18] (à lui donner son congé[19]); mais comme ce garçon était après tout fort attaché[19] à son maître, très-actif, jamais oisif[20] ou inattentif, il se contenta de l'exhorter[21] souvent à mettre un frein à sa langue.[22]

---

1 Erdgeschoß. 2 bewohnt. 3 Hintergebäude. 4 verständig, Ehrenmann. 5 Verstellungskunst, Heuchelei. 6 demüthig. 7 ausarten, Gemeinheit. 8 erniedrigte. 9 Mäßigkeit. 10 geschworen (jurer ses grands dieux, sich hoch und theuer vermessen. j'en jurerais, ich möchte darauf schwören. il ne faut jurer de rien, man muß nie etwas verschwören. le vers jure avec le bleu, das Grün paßt schlecht zum Blau). 11 Kunden. 12 Bart (rire dans sa barbe, sich ins Fäustchen lachen. grommeler entre ses dents, in den Bart brummen). 13 Neuigkeitskrämer. 14 Schwätzer. 15 alle Klatschgeschichten. 16 Geschwätz. 17 kündigen. 18 Schwätzer. 19 anhänglich. 20 müßig. 21 ermahnen. 22 Zunge im Zaume halten (la lange m'a tourné, ich habe mich versprochen).

60.

Le seul défaut[1] du barbier, défaut que lui reprochait[2] au moins sa femme, c'était sa grande libéralité,[3] que la femme appelait prodigalité.[4] Il était charitable,[5] compatissant, généreux et hospitalier.[6] La femme pour regagner d'un autre côté l'argent que son mari „prodigue"[7] dépensait ou prodiguait à tous les mendiants[8] qui lui demandaient l'aumône, se montrait très-économe et parcimonieuse,[9] la médisance[10] l'appelait même avare. Elle était en outre défiante,[11] soupçonneuse, envieuse; dans sa violence[12] elle insultait bien souvent son mari, elle lui disait d'assez grosses injures, mais celui-ci, dans sa douceur, ne lui gardait pas rancune[13] et s'efforçait[14] au contraire de l'adoucir.[15] La femme qui n'était pas tout-à-fait méchante, reconnaissait aussi toujours ses torts[16] après de telles scènes qui troublaient souvent la paix de la maison et demandait son pardon qui lui était accordé de grand coeur.

---

[1] Fehler (je l'ai pris au défaut de la cuirasse, ich habe ihn an seiner schwachen Seite angegriffen. j'ai trouvé le défaut de la cuirasse, ich habe seine schwache Seite entdeckt). [2] vorwerfen (reprocher les morceaux à q., einem die Bissen in den Mund zählen). [3] Freigebigkeit. [4] Verschwendung. [5] mildthätig (charité bien entendue commence par soi-même, jeder ist sich selbst der Nächste), mitleidig. [6] gastfrei. [7] verschwenderisch (l'enfant prodigue, der verlorene Sohn). [8] Bettler, um Almosen bitten (être réduit à l'aumône, an den Bettelstab gebracht sein). [10] sparsam. [11] Verleumbung, geizig, mistrauisch (je vous en défie, das werden Sie wol bleiben lassen), argwöhnisch, neidisch. [12] Heftigkeit, beleidigte, beschimpfte. [13] trug es ihr nicht nach. [14] that sein Möglichstes. [15] besänftigen. [16] Unrecht (à tort et à travers, in den Tag hinein).

61.

Le soir les enfants faisaient des emplettes avec leur maman. Ils (elles) allaient chez le boucher[1] commander de la

---

[1] Schlächter.

viande, chez le boulanger,[2] chez le gantier[3] pour acheter des gants glacés ou des gants de fil, de soie, de laine; car Mad. N. aimait que ses enfants fussent bien gantés.[4] Ils portaient toujours des gants qui les gantaient[5] bien et jamais de ceux qui n'allassent pas ensemble.[6] Ils allèrent chez le cordonnier (bottier), [7] pour se faire prendre la mesure du pied. Mad. N. recommandait au bottier de ne pas faire les chaussures trop étroites, car il est peu consolant de se dire: les bottes,[8] les bottines en cuir, les bottines en étoffe me chaussent[9] bien ou je suis bien chaussé (chaussée) quand on est chaussé trop juste[10] (quand ils font mal, blessent du coude-pied). D'autres fois ils portaient des souliers chez le savetier[11] pour les faire raccommoder,[12] remonter, ressemeler, ou entraient chez le tailleur,[13] la tailleuse, la couturière, pour essayer leurs habits et leurs robes, pour voir si le corsage[14] allait bien, s'il était bien décolleté,[15] si la jupe était bien montée. Ou ils (elles) achetaient chez le linger[16] une pièce de toile, du calicot, de l'indienne, de la futaine, de la flanelle ou de la batiste etc.

[2] Bäcker. [3] Handschuhmacher. [4] gute Handschuhe tragen. [5] faßen. [6] nicht zusammen paßten. [7] Schuhmacher. [8] Stiefel, Leder-, Zeug- stiefel. [9] sitzen. [10] wenn die Stiefel zu eng sind, drücken, drücken am Spann. [11] Schuhflicker (le lundi des savetiers, blaue Montag). [12] ausbessern, vorschuhen, besohlen. [13] Schneider. [14] Taille säße. [15] ausgeschnitten, Rock in Falten gelegt. [16] Leinwandhändler, Stück Leinwand, Kattun, bunter Kattun, Barchent, Flanell.

62.

Un soir ils achetèrent du drap fin chez un marchand de drap[1] (drapier), et Mad. N. y prit plusieurs échantillons[2] de différentes couleurs tant foncées[3] que claires pour les montrer à M. N. afin qu'il choisît une couleur solide, bon teint, de celles qui ne passent[4] pas vite, qui tiennent. Les étoffes claires paraissaient salissantes[5] et ne pas être d'un bon user.[6] Mad.

[1] Tuchhändler. [2] Muster. [3] dunkel, hell. [4] verschießen. [5] schmutzend. [6] dauerhaft.

N. connaissait déjà tous ces marchands, ces marchands de nouveautés,[7] ces marchandes de modes;[8] elle était bien sûre de n'être pas trompée, ils ne surfaisaient[9] jamais, il y avait prix fixe[10] dans tous ces magasins, on lui disait toujours le dernier prix[11] et lui montrait tout ce qu'il y avait de mieux,[12] et on aunait[13] bien.

Le plus grand plaisir des enfants dans ces promenades du soir c'était de s'arrêter devant les vitrines[14] (les montres) du bijoutier et de l'orfèvre, du pâtissier, du confiseur et des marchands de comestibles. Là ils regardaient toutes les pierreries[15] que la lumière du gaz dans les réverbères[16] éclairait, tous les diadèmes, toutes les boucles d'oreilles,[17] tous les pendants d'oreilles, les colliers,[18] les broches, les bracelets,[19] les bagues montées[20] en or, en argent, en maillechor (alfénide)[21] et ornées de diamants d'une belle eau, de grenats, de rubis et d'éméraudes.[22]

---

[7] Kaufmann mit Kleiderstoffen. [8] Putzmacherin. [9] übertheuern. [10] feste Preise. [11] genauesten Preis. [12] beste Sorte. [13] maß. [14] Schaufenster, Juwelier, Goldschmid, Kuchenbäcker, Conditor, Delikatessenhändler. [15] Edelsteine. [16] Straßenlaternen. [17] Ohrringe, Ohrgehänge (il m'est venu aux oreilles, es ist mir zu Ohren gekommen. être dur d'oreille, harthörig sein. se faire tirer l'oreille, sich nöthigen lassen. prêter l'oreille à q., jemand Gehör geben). [18] Halsband. [19] Armband, Ring. [20] eingefaßt. [21] Neusilber. [22] Smaragd.

63.

Ils admiraient les pâtés,[1] les tartes aux cerises, aux pommes etc., le biscuit, les confitures, les dragées, le massepain, les pralines, le pain d'épices, les meringues, les choux à la crême (battue), les huîtres,[2] le caviar, les nez d'écrevisses[3] farcis,

---

[1] Pasteten, Kirschkuchen, Zwieback, Confect, Zuckerkörner (une dragée d'attrape, überzuckerte Pille), Marzipan, gebrannte Mandeln, Pfefferkuchen, Baisers, Windbeutel. [2] Austern. [3] gefüllte Krebsnasen (se farcir la tête de français et d'anglais, sich den Kopf mit französischen und englischen Brocken vollpfropfen).

des fruits du midi naturels ou confits, p. e. des figues confites, des oranges, des citrons.

Un soir ils furent effrayés par le cri: au voleur![4] Un voleur avait été pincé en flagrant délit [5] lorsqu'il allait escamoter [6] la montre d'or d'un monsieur. Il fut attrapé; c'était un filou [7] qui avait déjà commis plusieurs vols considérables avec effraction et escalade, [8] même des meurtres (des assassinats).[9] Il fut emprisonné [10] et détenu longtemps n'ayant de commerce qu'avec son geôlier.[11] Son défenseur tâcha en vain de faire valoir quelques circonstances atténuantes.[12] Il fut condamné à la peine de mort. Il devait être exécuté [13] (pendu au gibet, le bourreau [14] devait le décapiter avec le glaive, le guillotiner, il devait avoir la tête tranchée [15] sur le billot; il fut condamné aux travaux forcés à perpétuité).[16]

---

[4] haltet den Dieb. [5] ertappt auf frischer That. [6] wegstibitzen. [7] Spitzbube. [8] mit Einbruch und Einsteigen. [9] Mord. [10] ins Gefängnis gesetzt, gefangen gehalten. [11] Gefängniswärter. [12] mildernde Umstände. [13] hingerichtet, an den Galgen gehängt. [14] Henker, enthaupten. [15] Kopf abgeschlagen, Block. [16] zu den Galeeren, auf Lebenszeit.

64.

A l'approche de l'hiver Mad. N. fit[1] sa provision de bois, de charbons de terre, de houilles brunes, de tourbe et voulut aussi faire laver (en France blanchir) tout le linge sale de l'automne: les chemises, les pantalons,[2] les bas, les jarretières, les chaussons, les mouchoirs, les foulards, les corsets, les camisoles,[3] les bonnets de nuit, les bonnets de négligé,[4] les tabliers, les cols, les manchettes et les sous-manches. Elle profita de l'absence [5] de son mari qui n'aimait pas à être pré-

---

[1] schaffte sich an: Holz-, Stein-, Braunkohlen-, Torfvorrath. [2] Beinkleider, Strümpfe, Strumpfbänder, Socken, Taschentücher, seidene T. [3] Nachtjacken, -mützen (c'est bonnet blanc et blanc bonnet, das ist alles einerlei). [4] Morgenhauben, Schürzen, Kragen. [5] Abwesenheit (avoir des absences, zuweilen geistesabwesend sein. les peines de l'absence, die Qualen der Trennung).

sent⁶ au logis quand sa femme avait la lessive.⁷ Elle fit venir la lavandière⁸ qui était aussi blanchisseuse.⁹ Cette femme lui avait été recommandée beaucoup quoiqu'elle exigeât plus d'argent que ce n'était l'usage;¹⁰ elle était de toute honnêteté et pas du tout avide¹¹ ou intéressée, mais elle avait une grande famille à nourrir.

---

⁶ gegenwärtig (avoir l'esprit présent, Geistesgegenwart besitzen). ⁷ Wäsche. ⁸ Waschfrau, die außer dem Hause wäscht. ⁹ Waschfrau, die im Hause wäscht (je m'en lave les mains, ich wasche meine Hände in Unschuld. une main lave l'autre, eine Hand wäscht die andere). ¹⁰ Gebrauch, Sitte (avoir l'usage du monde, Weltkenntnis haben. avoir peu l'usage, wenig Lebensart haben). ¹¹ habgierig, eigennützig.

65.

Son mari, avec lequel elle s'était mariée très-jeune, menait une vie désordonnée¹ et s'enivrait² (se grisait) presque tous les jours; il rentrait ivre³ à la maison et la maltraitait dans son ivresse. Elle avait voulu faire divorce,⁵ mais il mourut⁶ avant le divorce⁷ d'une attaque de délire nerveux,⁸ maladie terrible qui met presque toujours fin à la vie infâme des ivrognes. La femme avait depuis à sa charge son beau-père⁹ et sa belle-mère, son grand-père infirme et ses petits-fils qui étaient encore dans un âge très-tendre. Ils étaient jumeaux¹⁰ et étaient âgés de deux ans. Leurs parents, fille et beau-fils¹¹ de la bonne femme, étaient morts, elle de la phtisie,¹² lui de la scarlatine (de la rougeole, de la petite vérole). Le gendre¹³ n'avait eu ni frère ni soeur, ni beau-frère, ni belle-soeur qui eussent pu élever les enfants qui étaient ainsi devenus des

---

¹ liederlich. ² berauschte sich. ³ betrunken. ⁴ mißhandeln (maltraiter la grammaire, unrichtig sprechen). ⁵ sich scheiden lassen. ⁶ sterben (vous me faites mourir, Sie quälen mich zu Tode). ⁷ Scheidung. ⁸ Säuferwahnsinn. ⁹ Schwieger=Stiefvater. ¹⁰ Zwillinge. ¹¹ Schwieger=, Stiefsohn. ¹² Schwindsucht, Scharlachfieber, Masern, Pocken (vaccinier, impfen). ¹³ Schwiegersohn.

orphelins sans parents, des orphelins de père et de mère.¹⁴
Leur tuteur¹⁵ donna volontiers sa permission à ce que la grand'
mère les élevât. La bonne femme adopta encore un enfant
trouvé¹⁶ de sorte qu'elle avait un assez grand ménage.

¹⁴ vater-, mutterlose Waisen.   ¹⁵ Vormund.   ¹⁶ Findelkind.

66.

Elle fut occupée du matin jusqu'au soir à laver et à lessiver¹ le linge dans le cuvier,² à le guéer³ et à le passer au bleu dans la cuve, à l'empeser⁴ avec l'empois, à le tordre. ⁵ Puis elle le porta dans la manne⁶ au séchoir pour le faire sécher. Elle étendit la corde,⁷ y suspendit le linge en l'attachant avec des fichoirs.⁸ Puis Mad. N. plia⁹ et humecta le linge, et la bonne le porta à la calandre¹⁰ pour le calandrer. Ces choses faites, restait à repasser¹¹ le linge sur une table à repasser avec un fer à repasser dont on avait fait rougir¹² le fer. Comme Mad. N. était un peu indisposée,¹³ elle engagea une repasseuse, et put enfin serrer¹⁴ le linge dans l'armoire au linge.

¹ laugen.   ² Waschfaß.   ³ spülen, blauen, Zober.   ⁴ stärken, Stärke.
⁵ auswringen (se tordre les mains, die Hände ringen).   ⁶ Waschkorb, Trockenboden.   ⁷ Leine ziehen.   ⁸ Klammer.   ⁹ legte, sprengte ein.
¹⁰ Rolle.   ¹¹ plätten (repasser un autre jour, einen andern Tag wieder vorkommen).   ¹² glühend machen.   ¹³ unwol.   ¹⁴ fortschließen.

IV. L'Hiver.

67.

Quelques jours après les enfants coururent¹ à leur maman en s'écriant: Oh, maman, on dirait² qu'il va neiger. Et en vérité, le temps annonçait³ de la neige, car le ciel était couvert de nuages et bientôt il commença à neiger à gros flocons. ⁴

¹ gelaufen (courir risque de, Gefahr laufen zu).   ² es scheint, schneien zu wollen.   ³ das Wetter deutete auf Schnee.   ⁴ Flocken (il y a gros à parier que, es läßt sich hundert gegen eins wetten, daß).

Il neigea beaucoup toute la nuit et le lendemain matin la neige était déjà assez haute. Les garçons étaient radieux de joie, [5] car ces tas de neige [6] étaient le signe du commencement de l'hiver. Cette fois-ci la neige fondit [7] cependant assez vite de sorte que les rues [8] furent bientôt très-sales, car malheureusement il commença aussi à pleuvoir. En outre il faisait un vent désagréable, en un mot, il faisait un temps à ne pas mettre un électeur dehors. [9] Il y avait tant de boue [10] dans les rues qu'on était éclaboussé [11] par les passants [12] et quand on traversait la chaussée on était couvert de boue par les voitures, de sorte qu'on était quelquefois crotté de pied en cap. [13]

---

[5] freudestralend. [6] Schneehaufen. [7] schmolz (fondre en larmes, in Thränen zerfließen). [8] Straßen (cela court déjà les rues, das ist schon stadtkundig). [9] daß man nicht einen Hund hinausjagen möchte. [10] Schmutz. [11] bespritzt. [12] der Vorübergehende (en passant, beiläufig). [13] von Kopf bis Fuß beschmutzt..

68.

Mais bientôt il se mit à geler [1] pour tout de bon. Tous les matins les toits [2] étaient couverts de givre [3] et même quand il dégelait [4] un peu, il y avait seulement du verglas [5] de façon que le pavé devenait fort glissant [6] et qu'il faisait mauvais marcher. [7] Il gelait à pierre fendre; [8] on était maintenant au coeur [9] de l'hiver, et l'hiver fut fort rude, le froid rigoureux cette année. Le thermomètre marquait quelquefois 10 degrés de froid, les rivières étaient prises. [10] Mais les enfants n'étaient pas sensibles [11] au froid; ils allaient après dîner sur la glace pour pâtiner, [12] et quand il y avait de la neige, les garçons passaient tout leur temps libre dans la rue pour se battre à coups de pelottes de neige, [13] pour faire des bons hommes de

---

[1] fror. [2] Dächer (ne criez pas cela par-dessus les toits, posaunen Sie das nicht überall aus). [3] Reif. [4] thaute. [5] Glatteis. [6] glatt. [7] es ließ sich schlecht gehen (il a marché aujourd'hui sur une mauvaise herbe, heute ist sein Unglückstag). [8] Stein und Bein. [9] mitten im. [10] gefroren. [12] Schlittschuh laufen. [13] mit Schneebällen werfen.

neige, pour glisser¹⁴ sur les glissoires, sans faire attention qu'ils avaient bientôt les mains engourdies de froid.¹⁵ Quelquefois, quand l'état des routes, des rues le permettait, M. N. faisait à ses enfants le plaisir de faire avec eux une course en traîneau¹⁶ ou de prendre part à une partie de traîneaux. Pour ne pas avoir froid, M. N. mettait sa redingote fourrée,¹⁷ Mad. N. et ses filles prenaient leurs manteaux d'hiver, leurs capuchons,¹⁸ leurs manchons, leurs palatines, leurs bottines et leurs gants fourrés.

---

¹⁴ gleiten. ¹⁵ von Kälte erstarrt (engourdi, eingeschlafen). ¹⁶ Schlittenfahrt. ¹⁷ Pelzüberzieher. ¹⁸ Kapuzen, Muffen, Pelzkragen.

69.

Au retour de ces courses les enfants recevaient du vin brûlé,¹ des pommes cuites, ou Mad. N. faisait un bol de punch (sp. pöntsch) et M. N. prenait un doigt d'eau-de-vie de France² (d'eau-de-vie de grains) pour se chauffer l'estomac.³ Malgré cette précaution⁴ les enfants eurent bientôt des engelures aux pieds; ⁵ ils avaient pris froid.⁶ Ils avaient des maux de tête, mal⁷ à l'estomac; ils étaient enrhumés et toussaient beaucoup. Ils étaient enroués et avaient un rhume de cerveau terrible; ils avaient la joue enflée (les amygdales enflées, les glandes enflées, la parotite). Le cadet tomba malade de coqueluche;⁸ on lui donnait du sucre-d'orge,⁹ de la réglisse; un autre avait mal au coeur,¹⁰ des nausées et prenait de la tisane de camomille¹¹ (un vomitif).

---

¹ Glühwein, Bratäpfel. ² Franz=, Kornbranntwein. ³ Magen erwärmen. ⁴ Vorsicht. ⁵ erfrorne Füße. ⁶ sich erkälten. ⁷ (cela me fait mal, das thut mir weh), Magenschmerzen, hatten den Husten, husteten, heiser, Schnupfen, dicke Backe, angeschwollene Mandeln, Drüsen, Ziegenpeter. ⁸ Keuchhusten. ⁹ Gerstenzucker, Lakritze. ¹⁰ war übel, Neigung zum Übergeben. ¹¹ Kamillenthee, Brechmittel.

70.

Cependant ces refroidissements[1] passaient assez vite; mais quelque temps plus tard les enfants tombèrent sérieusement malades[2] et firent[3] de graves maladies. L'un eut le croup (une inflammation de la gorge,[4] des poumons, de la poitrine); l'autre un érysipèle; le troisième un accès[5] de fièvre chaude (intermittente, cérébrale, nerveuse). Mad. N. veillait[6] toutes les nuits auprès de ses malades qui perdaient quelquefois connaissance[7] et parlaient en délire. Elle était assise près de la table de nuit, sur laquelle elle avait placé une veilleuse,[8] un chandelier avec une bougie, un cierge, un bougeoir (un rat-de-cave), un briquet avec un porte-allumettes pour pouvoir allumer[9] la bougie, un écran pour que la lumière n'éblouît les yeux affaiblis des malades, un brûle-tout[10] et un éteignoir pour éteindre la bougie. Mais il lui fut impossible de suffire à tout, il lui fallut engager une garde-malade[11] (une soeur de charité).

---

[1] Erkältungen. [2] wurden ernftlich krank (tomber des nues, aus den Wolken fallen). [3] bekamen. [4] Bräune, Halsentzündung, Lungen=, Bruftentzündung, Gefichtsrofe. [5] Anfall, hitziges, kaltes Fieber, Gehirnentzündung, Nervenfieber. [6] wachte. [7] Befinnung, phantafirten. [8] Nachtlampe, Leuchter, Wachslicht, Kerze, Handleuchter, Wachsftock, Feuerzeug, Streichholzkäftchen. [9] anzünden, Lichtfchirm. [10] Leuchterknecht, Löfchhütchen. [11] Krankenwärterin, barmherzige Schwefter.

71.

Le médecin faisait à nos malades trois visites par jour, il leur ordonnait des remèdes[1] que la bonne allait chercher chez le pharmacien,[2] des pilules, de la poudre, du quinquina,[3]

---

[1] Arznei (il y a remède à cela, dem kann man abhelfen. il y a remède à tout, fors à la mort, gegen den Tod ift kein Kraut gewachfen). [2] Apotheker, Pillen (avaler la pilule, eine Pille, einen Verdruß hinunterfchlucken. dorer la pilule, die Pille verfüßen). [3] Chinarinde, Trank.

des potions ³ dont il fallait prendre une cuillerée d'heure en heure. Il les déclara enfin hors de danger; mais comme il y avait encore de la fièvre ce qu'il avait constaté en tâtant ⁴ leur pouls, et quoiqu'ils avaient la langue chargée,⁵ il prescivit ⁶ un régime sévère, ils devaient faire diète quoiqu'ils se sentissent de l'appétit. En effet, ils se remirent⁷ peu à peu, restant condamnés toutefois à garder⁸ le lit pour un temps considérable, car ils étaient très-faibles. La première fois qu'ils sortirent du lit, l'un s'évanouit⁹ et les autres purent à peine se traîner¹⁰ et eurent des vertiges.¹¹ On leur donna des confortatifs;¹² ils commençaient à recouvrer¹³ leurs forces, on pouvait les dire convalescents.¹⁴

---

⁴ fühlte, Puls (tâter le pavé, wie auf Eiern gehen). ⁵ belegt. ⁶ verordnete strenge Diät. ⁷ erholten sich. ⁸ hüten (Dieu m'en garde, Gott bewahre mich davor. garder q. à vue, jemand nicht aus den Augen lassen). ⁹ fiel in Ohnmacht. ¹⁰ schleppten sich nur so hin. ¹¹ Schwindel. ¹² Stärkungsmittel. ¹³ wieder erlangen. ¹⁴ Genesende.

72.

Les enfants n'étaient pas encore tout-à-fait rétablis¹ quand la fête de Noël arriva, la belle fête de Noël que nous célébrons en mémoire de la naissance de Jésus-Christ. Ils ne pouvaient encore quitter la pièce qui leur servait d'infirmerie,² néanmoins leurs bons parents leur firent cadeau à chacun d'un arbre de Noël, qu'ils ornaient (décoraient) de clinquant,³ de chaînes de papier bariolé,⁴ de noix,⁵ de noisettes dorées, et ils leur donnèrent en outre quantité d'étrennes,⁶ qu'ils disposèrent dès la veille sur de petites tables. Chaque enfant malade eut son arbre de Noël placé devant son lit. Les garçons reçurent des

---

¹ wieder hergestellt. ² Erinnerung (s'il m'en souvient bien, wenn ich mich nicht irre). ³ Rauschgold. ⁴ bunte Papierketten (le papier souffre tout, das Papier ist geduldig). ⁵ Nuß, Haselnuß (un cassenoix, Nußknacker. il me donna bien du fil à retordre, er gab mir eine harte Nuß zu knacken). ⁶ Weihnachtsgeschenke.

livres, des crayons,[7] des porte-crayons, des étuis de mathématiques avec des compas, des cannes, garnies de pommes de cannes dorées, des patins, des souliers de gomme (des caoutchoucs) etc. Les demoiselles trouvèrent sur leurs tables des sacs à tricoter,[8] des boîtes à ouvrages, des aiguilles à tricoter, des dévidoirs pour dévider du coton, des porte-aiguilles, du fil fin et du fil gros, des étuis à aiguilles, des dés,[9] des carreaux; l'aînée eut même une table et une machine à coudre.

[7] Bleiftifte, Reißfeder, Reißzeug, Zirkel, Spazierstöcke, Knopf, Schlittschuhe, Gummischuhe. [8] Strickbeutel, Arbeitskästchen, Stricknadeln, Garnwinde, Strickscheide. [9] Fingerhut, Nadelkissen.

73.

Le jour de l'an,[1] leurs amis et leurs amies leur envoyèrent des cartes de félicitation[2] ou vinrent leur souhaiter la bonne année. Deux de ces enfants, deux frères, étaient de leurs amis les plus intimes.[3] Le cadet[4] était très-malheureux, il louchait,[5] bégayait et était bossu. Il ne pouvait parler sans faire la grimace, il était lourd[6] dans tous ses mouvements, pâle, maigre, en un mot très-laid.[7] Sa laideur était d'autant plus frappante[8] que son frère, qui était plus âgé que lui, était très-beau. Il était bien fait,[9] avait une figure mignonne, encadrée par de longs cheveux blonds qui tombaient en boucles[10] jusqu'à ses épaules, le front[11] haut, les yeux[12] grands et bleus, les sour-

[1] Neujahrstag. [2] Neujahrskarten. [3] vertrautesten (le conseiller intime, Geheimerath). [4] die Jüngsten (c'est le cadet de mes soucis, das ist mein geringster Kummer). [5] schielte, stotterte, bucklig. [6] schwerfällig. [7] häßlich (elle est laide à faire peur, sie ist zum Erschrecken häßlich). [8] auffallend. [9] gut gewachsen, niedlich, eingerahmt. [10] Locken, Schultern. [11] Stirn (son front se ride, seine Stirn runzelt sich. déridez votre front, streicht die Runzeln aus dem Gesicht. avoir le front de soutenir, die Frechheit haben zu behaupten). [12] Augen (rougir jusqu'au blanc des yeux, bis über die Ohren roth werden. fermer les yeux sur qch., durch die Finger sehen. cela saute aux yeux, das fällt in die Augen. loin des yeux, loin du coeur, aus den Augen, aus dem Sinn).

cils [13] reguliers, les cils [14] longs (fp. sourci, cij) le nez camus [15] (pointu, retroussé, aquilin), la bouche [16] et l'oreille petite, les joues [17] et les lèvres vermeilles et un joli menton [18] à fossette. Il était aimable et affectueux, [19] mais tandis que son frère était un élève appliqué, lui, il était paresseux, se faisait souffler [20] par ses camarades de classe, faisait souvent l'école buissonnière, de sorte que son maître avait été obligé plus d'une fois de le punir sévèrement, de lui donner des pensums (fp. pain-some) et de le faire rester en retenue. [21] Ses camarades d'école lui avaient donné en plaisantant [22] le surnom (le sobriquet) de „roi des paresseux," dont il se vantait [23] encore. Il était vain de sa beauté, friand, [24] un peu entêté, mais pas opiniâtre ni impatient.

[13] Augenbrauen (il n'ose pas sourciller devant lui, er wagt keine Miene vor ihm zu verziehen). [14] Wimper (un cil m'est entré à l'oeil, es ist mir eine Wimper ins Auge gekommen). [15] Stumpf-, Spitz-, aufgeworfene, Adlernase (parler du nez, durch die Nase sprechen. mener q. par le nez, jemand bei der Nase herumführen. rire au nez, ins Gesicht lachen). [16] Mund (l'eau m'en vient à la bouche, der Mund wässert mir danach. les oreilles me tintent, die Ohren klingen mir). [17] Wangen, Lippen, roth. [18] Kinn, Grübchen. [19] lieberoll. [20] vorsagen, hinter die Schule gehen. [21] nachbleiben lassen. [22] scherzend, Beinamen, Erzfaulpelz. [23] rühmte. [24] naschhaft, eigensinnig, hartnäckig, ungeduldig.

74.

Pour célébrer la convalescence [1] de ses enfants, M. N. les mena un soir au spectacle. On jouait une pièce nouvelle et la salle était pleine (il y avait foule, la salle était comble) [2] quoique les billets de faveur [3] fussent suspendus. Les stalles d'orchestre, [4] les loges du rez-de-chaussée, les loges d'avant-

[1] Genesung. [2] das Haus war gedrängt voll (je serai au comble de ma joie, ich werde glückselig sein. pour comble de malheur, zum allergrößesten Unglück. [3] Freibillete gelten nicht. [4] Sperrsitz im Parquet, Parquetloge, Proscieniumsloge.

scène, le parterre, les premières et les secondes loges, le balcon, l'amphithéâtre, tout était occupé; car la pièce avait déjà enlevé tous les suffrages[5] à la dernière répétition.[6] On n'avait pas à craindre que les acteurs jouassent devant les banquettes [7] ni que la pièce tombât. C'était une tragédie (une comédie, un drame, un ballet). Avant le lever du rideau, les enfants lisaient l'affiche,[8] regardaient les spectateurs à travers le lorgnon (le fasse-à-mains),[9] le binocle, tandis que M. N. mettait ses lunettes,[10] car il était myope.[11] Enfin le rideau se leva et les enfants allongèrent le cou[12] pour admirer les décors. La scène changea presque après chaque acte, seulement une fois il y eut le même décor[13] qu'au premier acte.

---

[5] allgemeinen Beifall erhalten. [6] Generalprobe. [7] vor leeren Bänken. [8] Theaterzettel. [9] Lorgnette, Opernglas. [10] Brille (mettez vos lunettes, sperr' Okulos!). [11] kurzsichtig. [12] machten lange Hälse. [13] war die Scene wie im 1. Act.

75.

Les acteurs et les actrices avaient bien saisi[1] leurs rôles, [2] ils jouaient supérieurement,[3] avaient une belle déclamation[4] et un maintien noble et aisé, aussi furent-ils généralement applaudis. Seulement un jeune acteur qui débutait[5] fut sifflé; son jeu muet manquait de nature,[6] il demeurait court[7] et le souffleur dans son trou de souffleur avait à crier si fort qu'on l'entendait dans toute la salle. On finit la pièce au bruit des applaudissements.[8]

Un autre soir on alla à l'opéra, où on donnait une représentation à bénéfice. Les rôles de l'opéra étaient bien distri-

---

[1] gefasst (prendre l'occasion aux cheveux, Gelegenheit beim Schopfe fassen. l'occasion fait le larron, Gelegenheit macht Diebe). [2] Rollen (à tour de rôle, der Reihe nach). [3] vortrefflich. [4] schönen Vortrag, edle, ungezwungene Haltung (des gens aisés, wohlhabende Leute). [5] zum 1. Mal auftrat, ausgepfiffen (siffler un bouvreuil, einen Dompfaff abrichten). [6] Mienenspiel war gezwungen. [7] blieb stecken. [8] unter rauschendem Beifall.

bués,⁹ les chanteurs et les cantatrices rendaient excellemment les airs dont quelques-uns furent même bissés.¹⁰ Lorsqu'on sortit de l'opéra, il y eut un violent courant-d'air,¹¹ et M. N. en gagna de terribles maux de dents (il était sujet¹² au mal aux dents), de sorte qu'il ne ferma pas l'oeil de toute la nuit¹³ (qu'il passa une fort mauvaise nuit, une nuit blanche).¹⁴ Le lendemain il se fit arracher¹⁵ cette dent par un dentiste, car la dent était creuse¹⁶ et M. N. craignait une fluxion de dent.¹⁷

---

⁹ vertheilt. ¹⁰ da capo verlangt. ¹¹ Zug. ¹² litt an. ¹³ that nicht ein Auge zu die u. f. w. ¹⁴ schlaflose Nacht. ¹⁵ ausziehen. ¹⁶ hohl. ¹⁷ Zahnreißen (faire ses dents, Zähne bekommen. la dent de sagesse, Weisheitszahn. il ment comme un arracheur de dents, er lügt wie gedruckt).

76.

Il fallait encore suspendre¹ la reprise des leçons, mais pour que les enfants n'oubliassent pas tout, M. N. leur faisait faire des devoirs. Il leur donnait des sujets² pour de petites compositions, its préparaient des versions françaises, anglaises, latines, grecques,³ hébraïques et apprenaient par coeur les mots difficiles; car ils devaient chaque jour être en état de traduire une page de vive voix,⁴ non seulement littéralement ⁵ et mot-à-mot, mais en bon allemand. En faisant des thèmes français⁶ etc., ils soupiraient⁷ bien souvent, car il fallait toujours recourir⁸ au dictionnaire, ils avaient oublié tous les mots et l'orthographe anglaise leur semblait impossible à retenir ⁹ et tout moment on entendait demander: comment orthographies-tu, écris-tu ces mots? Quant¹⁰ aux compositions allemandes, c'était surtout la ponctuation¹¹ dont ils se cassaient la tête.

---

¹ aussetzen. ² Themata, Aufsätze. ³ griechisch (c'est du grec pour moi, das sind mir böhmische Dörfer), hebräisch. ⁴ mündlich. ⁵ wörtlich, Wort für Wort. ⁶ französisch (je le lui dirai en bon français, ich werde es ihm auf gut Deutsch sagen). ⁷ seufzten. ⁸ Zuflucht nehmen. ⁹ behalten. ¹⁰ was betrifft. ¹¹ Interpunktion.

Qu'il était donc difficile de bien ponctuer, [12] de penser toujours à la virgule, au point-virgule, aux deux-points et aux guillemets, [13] au point d'interrogation et au point d'exclamation!

---

[12] interpungiren. [13] Anführungsstriche.

77.

Pour remplacer la leçon de religion, il leur donnait à écrire tout ce qu'ils savaient des différentes cultes[1] de tous les temps et de toutes les nations, ce qu'ils se rappelaient sur le paganisme,[2] sur l'idolâtrie des païens et des païennes qui sacrifiaient[3] des victimes animales et humaines à leurs idoles et croyaient eux devins,[4] aux devinations,[5] aux soriers (cières) qui selon eux savaient ensorceler les hommes au moyen de leur sorcellerie; ils avaient à raconter ce qu'ils savaient du judaïsme et des juifs, du mahométanisme et des musulmans qui datent les années de leur hégire[6] de la fuite de Mahomet de la Mecque à Médine, et enfin du christianisme. En parlant du catholicisme ils faisaient d'abord mention du grand schisme[7] de l'église catholique dont les parties sont l'église grecque et l'église romaine, des ordres religieux[8] d'après les règles desquels les moines et les religieuses[9] doivent passer toute leur vie dans des couvents[10] ou monastères sous la surveillance de leurs prieurs[11] et de leurs abbesses qui doivent obliger[12] les moines à observer le carême, à faire pénitence[13] pour recevoir l'absolution, à confesser[14] leurs péchés au confessional, à dire le chapelet.[15]

---

[1] Gottesverehrung. [2] Heidenthum, Abgötterei. [3] opfern, Opferthiere, Menschenopfer. [4] Wahrsager (devinez le reste, das Übrige mögen Sie sich denken). [5] Wahrsagung, Zauberer. [6] mohamedanische Zeitrechnung (l'ère chrétienne, christliche Zeitrechnung). [7] Kirchenspaltung. [8] Mönchsorden. [9] Nonne. [10] Kloster. [11] Abt, Äbtissin. [12] verpflichten (qui trop oblige fait des ingrats, Undank ist der Welt Lohn). [13] Buße thun. [14] beichten, Beichtstuhl. [15] Rosenkranz beten.

78.

Puis ils parlaient des dignités ecclésiastiques,[1] du Pape ou Saint-Père, des cardinaux, des archevêques,[2] des évêques, des chapelains et des curés. Tous les membres du clergé[3] font le voeu du célibat[4] et reçoivent la tonsure en entrant dans la cléricature. Suivant l'église catholique les laïques[5] peuvent faire leur salut[6] en croyant aux dogmes,[7] enseignés par les prêtres, de la Sainte-Vierge,[8] des bonnes oeuvres des saints[9] et de leurs miracles,[10] du péché originel,[11] de la sainte Trinité etc. Celui qui ose nier un de ces dogmes commet un sacrilége, un blasphème,[12] on l'appelle: blasphémateur, héretique,[13] il était autrefois cité devant un concile, condamné à la mort du feu par le tribunal de l'Inquisition et brûlé vif sur un bûcher.[14] Après sa mort il passait du purgatoire[15] en enfer, tandis que les fidèles allaient au jugement dernier[16] en paradis et louaient Dieu avec les anges[17] et les archanges (ſp. ark.).

[1] geiſtliche Würden. [2] Erzbiſchof, Biſchof, Kaplan, Pfarrer. [3] Geiſtlichkeit. [4] Gelübde des Cölibats. [5] Laien. [6] die ewige Seligkeit gewinnen. [7] Glaubenslehre. [8] heilige Jungfrau. [9] Heilige (le saint du jour, Held des Tages. il ne sait plus à quel saint se vouer, er weiß nicht mehr, was er anfangen ſoll). [10] Wunder (il n'y a pas de quoi crier miracle, das iſt eben kein Kunſtſtück). [11] Erbſünde, h. Dreieinigkeit. [12] Gotteslästerung. [13] Ketzer. [14] Scheiterhaufen. [15] Fegefeuer, Hölle. [16] in den Himmel kamen am jüngſten Tag. [17] Engel (être aux anges, im 7. Himmel ſein).

79.

Ils parlaient aussi de la grande réformation religieuse qui commença par l'acte de Luther faisant afficher ses thèses contre la vente et les abus des indulgences,[1] des autres réformateurs Calvin et Zwingle, du protestantisme, de l'Eglise réformée, des

[1] Ablaßkram.

réformés et de toutes les sectes chrétiennes qui croient toutes en Dieu, créateur tout-puissant qui a créé toute la création, qui le prient les mains jointes[2] pour le remercier de ce qu'il a sacrifié son fils Jésus-Christ, le Rédempteur,[3] le Sauveur qui a apporté le salut[4] aux créatures, chargées de péchés. — Ils répétaient en outre la division de la Bible ou Ecriture Sainte en Ancien et en Nouveau Testament, les livres bibliques historiques, les psaumes, l'Evangile selon St. Matthieu, selon St. Luc, selon St. Marc et selon St. Jean, les Actes des apôtres[5] et les Epîtres. Ils avaient aussi à bien étudier le catéchisme, surtout les deux aînés, car Pâques approchait et ils devaient dès cette époque suivre l'instruction du prédicateur, qui avait à les catechiser[6] deux ans, selon l'usage, avant qu'ils pussent être confirmés et faire leur première communion.

[2] mit gefalteten Händen. [3] Erlöser. [4] Erlösung. [5] Apostelgeschichte. [6] in der Religion unterrichten.

80.

M. N. leur donnait aussi des problèmes de calcul à résoudre[1] afin que leur maître d'arithmétique ne les trouvât pas trop faibles pour leur classe. Ils possédaient[2] suffisamment les quatre règles,[3] l'addition, la soustraction, la multiplication et la division. Voilà pourquoi les filles s'exerçaient à la règle de trois[4] et au calcul des fractions, tandis que les garçons avaient à extraire des racines cubiques.[5] Pour s'assurer de la justesse de leur calcul ou en constater les erreurs ils calculaient chaque problème plusieurs fois et faisaient ce qu'on appelle la preuve.

Chaque jour, les filles avaient aussi à faire des ouvrages de mains (à l'aiguille)[6] pendant une heure. Elles tricotaient ou raccommodaient[7] des bas, elles marquaient[8] du linge, elles brodaient

[1] Exempel rechnen. [2] wußten. [3] Die 4 Species. [4] Regeldetri, Bruchrechnung. [5] Kubikwurzel ausziehen. [6] Handarbeit. [7] stopfen. [8] zeichnen.

d'après le patron,⁹ la broderie tendue sur un métier¹⁰ ou brodaient au crochet,¹¹ elles cousaient en linge, elles faisaient des surjets,¹² des ourlets, des coutures rabattues, des arrière-points. Elles étaient déjà si habiles qu'elles ne laissaient jamais échapper¹³ de maille ni ne cassaient le fil. Seulement la cadette soupirait encore quand elle tricotait le bord ou le talon,¹⁴ elle oubliait de diminuer¹⁵ ou de faire la couture maillée et était quelquefois obligée de relever, de rattraper des mailles.

---

⁹ fticken, Muster (broder un conte, eine Erzählung mit erdichteten Zusätzen ausschmücken). ¹⁰ in den Rahmen gespannt. ¹¹ häkeln (chacun sur ses crochets, jeder auf seine Kosten). ¹² überwendliche Naht, Saum, Kapp-, Steppnaht. ¹³ fallen, Masche (le mot m'a échappé, das Wort ist mir entgangen [überhört, vergessen]. le mot m'est échappé, das Wort ist mir entschlüpft in der Übereilung. il l'a échappée belle, er ist mit einem blauen Auge davon gekommen). ¹⁴ Hacken (être toujours aux talons de q., einem immer auf dem Nacken sitzen. montrer les talons, Fersengeld geben). ¹⁵ abnehmen, Naht.

81.

Mad. N. qui voulait rendre ses enfants bienfaisants,¹ vait établi que tout ce que ses filles produiraient² pendant cette heure en fait de vêtements fût donné à une pauvre famille de sa connaissance. La mère de cette famille avait été autrefois en condition chez Mad. N. qui l'avait toujours estimée à cause de sa moralité,³ et n'avait qu'à se louer de la ponctualité et de la fidélité avec lesquelles elle remplissait ses devoirs envers sa maîtresse; sa véracité, sa sincérité, sa politesse, sa reconnaissance, sa piété, qui était bien loin de dégénérer en cagoterie, sa douceur et sa probité étaient à toute épreuve. Or, cette femme se trouvait actuellement dans la plus grande détresse.⁴ Comme les garçons ne pouvaient pas montrer leur

---

¹ wohlthätig. ² verfertigten. ³ Sittlichkeit, Pünktlichkeit, Treue, Wahrheitsliebe, Aufrichtigkeit, Höflichkeit, Dankbarkeit, Frömmigkeit, ausarten, Heuchelei, Sanftmuth, Rechtschaffenheit. ⁴ Elend.

bienfaisance de la même manière, ils détachaient[5] chaque semaine à cet effet une partie de l'argent qu'ils recevaient pour leurs menus plaisirs.[6]

---

[5] zurücklegten. [6] Taschengeld.

82.

Tous les soirs M. N. arrangeait de petits examens en géographie et en histoire. Toute la famille se réunissait alors dans la chambre de Mad. N. qui se chauffait[1] le mieux; le poêle dans cette pièce ne fumait pas et avait assez d'air.[2] Chaque matin Mad. N. y allumait le poêle[3] elle-même; la bonne apportait seulement les bûches,[4] arrangeait le feu et mettait les pincettes[5] et la pelle devant le poêle de fayence.[6] Mad. N. mettait elle-même le tison[7] dans le poêle, remuait la braise[8] avec le tire-braise et fermait elle-même la clef.[9] Elle n'oubliait pas non plus de mettre quelques pommes dans la cavette.[10] Le soir venu, elle approchait la table du poêle et allumait la lampe, que la bonne avait bien nettoyée en nettoyant le globe[11] et le verre à lampe, coupant la mêche[12] et mettant de l'huile[13] dans la lampe. L'abbat-jour[14] n'était pas oublié. Puis, le moment venu, les enfants munis de leurs mappes-monde[15] entraient et l'examen commençait.

---

[1] heizte. [2] guten Zug. [3] machte Feuer an. [4] Feuerzange, Schaufel (baiser en pincette, Kneifkuß geben). [6] Kachelofen. [7] Feuerbrand. [8] schürte die Kohlen an, Ofenkrücke. [9] Klappe. [10] Röhre. [11] Glocke, Cylinder. [12] Docht. [13] Öl (jeter de l'huile dans le feu, Öl ins Feuer gießen. chat échaudé, craint l'eau froide, gebranntes Kind fürchtet das Feuer). [14] Lampenschirm. [15] Atlas.

83.

La première fois ils eurent d'abord à nommer les cinq parties du monde, l'Europe (Européen), l'Asie (Asiatique), l'Afrique (Africain), l'Amérique (Américain), l'Océanie (habitant de l'Océanie); puis les océans: le Grand Océan ou Mer Pacifique, l'océan Atlantique, l'océan Indien, l'océan glacial

Arctique et l'océan glacial Antarctique. Puis ils répétaient la géographie de l'Europe: Quelles sont les frontières de l'Europe? Au nord: la mer Blanche, la mer Baltique avec les golfes de Bothnie, de Finlande, de Riga, et la mer du Nord; à l'ouest: l'océan Atlantique avec le golfe de Biscaye; au sud: la Méditerrannée[1] avec les golfes de Gênes, de Lyon, la mer de Toscane, la mer Adriatique, la mer Jonienne, l'Archipel, la mer de Marmara, la Mer Noire et la mer d'Azow; à l'est: l'Asie.

Quels sont les détroits[2] de la Méditerrannée? Les détroits de Gibraltar, d'Otrante, des Dardanelles, de Constantinople. — Quelles sont les îles de la Méditerrannée? Les îles Baléares, la Corse, la Sardaigne, la Sicile, l'île d'Elbe, le groupe de Malte, les îles Joniennes, Candie. — Quels sont les pays de l'Europe méridionale?[3] L'Empire Ottoman ou la Turquie d'Europe et la Grèce, l'Italie (Italien) et la péninsule[4] Ibérique comprenant l'Espagne et le Portugal (l'Espagnol, le Portugais). — Quelles sont les montagnes de ces pays? Le Balcan, les Apennins et les Pyrénées. — Les fleuves les plus connus? La Maritza, le Po avec l'Adige, l'Arno, le Tibre, l'Ebre, le Minho, le Duero, le Tage, la Guadiana et le Guadalquivir. — Les capitales de l'Espagne et du Portugal? Madrid et Lisbonne.

[1] Das mittelländische Meer. [2] Meeresstraße. [3] südlich. [4] Halbinsel.

84.

La deuxième fois ils devaient dire les principaux événements de ces pays, de l'histoire ancienne. Or, partant de l'histoire mythologique, ils parlèrent d'abord des Danaïdes, des travaux d'Hercule, de Thésée, fils d'Egée, du Minotaure, de l'expédition des Argonautes, qui allèrent dans la Colchide conquérir la toison d'or, de la guerre des Sept-Chefs contre Thèbes, de la guerre de Troie, des erreurs d'Ulysse et des prétendants de la fidèle Pénélope. Puis des jeux olympiques, de l'oracle de Delphes, où la Pythie rendait ses oracles assise sur

un trépied, de l'invasion du Péloponnèse par les Héraclides et les Doriens, de la législation de Lycurgue à Sparte et de celle de Solon à Athènes, des guerres médiques,[1] de la guerre du Péloponnèse, de la Prise[2] d'Athènes, de Philippe de Macédoine et d'Alexandre le Grand. Ensuite ils racontèrent rapidement tout ce qu'ils savaient sur la fondation[3] de Rome, sur le combat des Horaces et des Curiaces, sur l'expulsion[4] des Tarquins et l'établissement de la république, la retraite des plébéiens au Mont-Sacré, l'institution du tribunat (tribuns du peuple), l'invasion[5] des Gaulois, les lois de Licinius, les guerres puniques, les troubles excités par les Gracques, les triumvirats, le principat[6] d'Octavien, le partage de l'Empire en Empire d'Occident et en Empire d'Orient et sur la chûte de l'Empire d'Occident.

[1] Perserkriege. [2] Einnahme. [3] Gründung. [4] Vertreibung. [5] Einfall. [6] Alleinherrschaft.

85.

Le troisième soir on parla des pays de l'Europe septentrionale,[1] savoir la Scandinavie, comprenant la Norwège et la Suède (Norwégien, Suédois); l'Archipel Danois ou le Danemark (Danois) comprenant la Zélande, la Fionie etc., l'Archipel Britannique comprenant la Grande - Bretagne (l'Angleterre et l'Ecosse) et l'Irlande (Anglais, Ecossais, Irlandais). On nomma les rivières, les fleuves les plus connus de ces contrées, le Glommen, le Gota-Elf etc., les monts Kjoel, les capitales: Stockholm et Christiania, Copenhague, Londres sur la Tamise, Edimbourg et Dublin. Le pays de l'Europe orientale[2] est l'empire russe ou la Russie, dont l'empereur est appelé czar, l'impératrice czarine; l'héritier présomptif se nomme; grand-duc-héritier. L'empire est arrosé[3] par de grands fleuves, le Volga qui se jette dans la mer Caspienne, le Don, le Dnieper, le Dniester, la Petchora, le Mezen, la Dwina, l'Onéga, la Duna,

[1] nördlich. [2] östlich. [3] bewässert.

le Niémen. L'ancienne capitale est Moscou, l'autre St. Pétersbourg sur la Néwa. Quelques provinces russes: la Courlande, la Livonie, l'Esthonie, l'Ingrie,[4] la Finlande, l'Ukraine. La Crimée et la Pologne avec Varsovie appartiennent aussi à la Russie.

[4] Ingermannland.

86.

De la France les enfants se rappelaient d'entre les provinces: la Normandie, la Champagne, la Lorraine,[1] l'Alsace, la Franche-Comté, la Bourgogne, le Dauphiné, la Provence etc., les fleuves: le Rhône, la Garonne, la Loire, la Seine; les montagnes: le Jura, les Vosges[2] (sp. Vôge), les Cévennes. Puis ils nommèrent les autres pays de l'Europe: la Belgique (Belge) avec les villes de Bruxelles, d'Anvers,[3] de Bruges et de Liège; la Hollande ou les Pays-Bas (Néerlandais[4]) avec Amsterdam, la Haye,[5] Leyde, Nimègue[6] et le fleuve de l'Escaut;[7] la Suisse (Suisse) et quelques-uns des cantons de ce pays, tels que le pays des Grisons[8] ou le canton du Grison, le Valais, le pays de Vaud, les cantons de Genève, de Berne, de Lucerne etc. Mais ils se montraient le mieux instruits à l'endroit de l'Allemagne, pays qui se compose de beaucoup d'Etats. L'Etat le plus important de l'Allemagne est la Prusse (Prussien), capitale: Berlin (Berlinois); ses provinces sont: la Marche de Brandebourg (Brandebourgeois), la Pomméranie (Pomméranien) avec Stettin, la Posnanie, la province de Prusse, la Silésie, la Saxe, la Westphalie, la province rhénane avec Aix-la-Chapelle[9] et Trèves, le Hanovre, la Hesse etc. Puis ils nommèrent le Mecklembourg, le grand-duché d'Oldenbourg, le duché de Brunswick, la Bade (Badois), le Wurtemberg avec Stuttgart, la Bavière (Bavarois) avec Munich, Ratisbonne,[10] Augsbourg,

[1] Lothringen, Elsaß. [2] Vogesen. [3] Antwerpen, Brügge, Lüttich. [4] Niederländer. [5] Haag. [6] Nimwegen. [7] Schelde. [8] Graubündten, Wallis, Waadtland. [9] Aachen, Trier. [10] Regensburg.

Nuremberg, et la Saxe (Saxon) avec Dresde; ensuite les parties de l'Autriche (Autrichien) avec Vienne (Viennois), à savoir: la Styrie, l'Illyrie, le Tyrol, la Bohême[11] (habitant de la Bohême) avec Prague, la Hongrie[12] avec les Carpathes et Bude[13] (Hongrois), la Slavonie (Esclavon[14]), la Croatie (Croate), la Dalmatie (Dalmate), la Galicie avec Cracovie.[15]

[11] Böhmen (les Bohêmes, Zigeuner). [12] Ungarn. [13] Ofen. [14] Slowake. [15] Krakau.

87.

Après cela vint le tour des fleuves de l'Allemagne, et les enfants parlèrent du Rhin, qui prend sa source[1] dans les Alpes; il devient navigable à Coïre,[2] traverse le lac de Constance, forme sa cataracte[3] célèbre près de Schaffhouse, passe à Bâle,[4] près de Strassbourg, à Mayence où il reçoit sa rivière affluente[5] le Mein, à Bonne, à Coblence, à Cologne, et se jette enfin dans la mer du Nord après avoir reçu encore la Moselle et la Meuse.[6] Son cours supérieur[7] appartient à la Suisse, son cours moyen, où sa rive[8] droite est ornée de ruines et son lit presque toujours très-large, à l'Allemagne et son cours inférieur aux Pays-Bas. Puis on parla du Weser avec la ville hanséatique et libre de Brême qui est situé à son embouchure,[9] de l'Elbe, de l'Oder, de la Vistule[10] qui bien souvent rompt ses digues,[11] déborde[12] et cause des inondations[13] terribles, du Danube.[14] — Ils nommèrent aussi les montagnes de l'Allemagne p. e. les Sudètes, la Forêt-Noire etc., les plateaux,[15] les plaines basses, les landes ou terre incultes, quelques défilés,[16] quelques vallées et quelques volcans. Pour les récompenser M. N. leur raconta quelque chose des moeurs si différentes des montagnards[17] et des habitants

[1] entspringt. [2] schiffbar, Chur. [3] Wasserfall. [4] Basel. [5] Nebenfluß. [6] Maas. [7] obere, mittlere, untere Lauf. [8] Ufer. [9] Mündung. [10] Weichsel (la plique polonaise, Weichselzopf). [11] Dämme. [12] tritt über. [13] Überschwemmungen. [14] Donau. [15] Hoch=, Tiefebene. [16] Pässe. [17] Bergbewohner.

du pays plat, [18] des éruptions des volcans, des avalanches, [19] de la vie des vachers [30] dans leurs châlets, du mal du pays [21] des Savoyards etc.

---

[18] flache Land. [19] Lawine. [20] Sennhirt, Sennhütte. [21] Heimweh.

88.

Dans la soirée suivante, M. N. reprenant les répétitions d'histoire, les enfants lui dirent d'abord que l'histoire du moyen âge [1] commence avec la migration des peuples. Quelques-unes de ces tribus [2] qui débordaient alors sur l'Europe sont les Ostrogoths et les Visigoths, les Vandales, les Huns (Attila, le fléau de Dieu), et les Lombards. Puis ils parlèrent des Mérovingiens, de Clovis, des maires du palais, [3] de Pepin le Bref; des Carlovingiens, de Charlemagne, de Louis le Débonnaire, [4] de Louis le Germanique, de Charles le Chauve, [5] du traité de Verdun, des Capétiens etc. Ils prirent grand intérêt à Henri IV, empereur d'Allemagne, qui fut excommunié [6] par le pape Grégoire VII, fit pénitence et reçut l'absolution à Canossa. Ils passèrent ensuite à la querelle des Guelfes et des Gibelins, à l'Interrègne qui fut terminé par Rodolphe de la maison d'Habsbourg, lequel mit aussi fin aux guerres privées [7] entre les seigneurs. Puis ils rappelèrent Pierre l'Ermite qui prêcha les croisades, [8] Gauthier sans avoir, [9] Richard coeur de Lion, les chevaliers de St. Jean, les templiers, les chevaliers teutoniques, les Vêpres siciliennes, la Pucelle d'Orléans, les guerres de la ligue helvétique [10] contre Charles le Téméraire. [11]

---

[1] Mittelalter. [2] Stämme. [3] Majordomus. [4] Fromme. [5] Kahle. [6] in den Bann gethan. [7] Raubfehden. [8] Kreuzzüge. [9] Walter ohne Habe. [10] Schweizerkriege. [11] Kühne.

89.

En dernier lieu, M. N. examina les enfants sur l'histoire moderne, qui commence à la découverte de l'Amérique par

Christophe Colomb et à celle du chemin des Indes[1] par Vasco de Gama. Malheureusement date de là aussi la traite des nègres.[2] Ils lui parlèrent de la réforme religieuse, de la diète de Spire,[3] de l'union de Smalkalde, de l'abdication[4] de Charles-Quint, de la Saint-Barthélemy en France où tant de Huguenots furent massacrés,[5] de l'insurrection[6] des Pays-Bas, de Guillaume d'Orange, de la guerre de trente ans, commencée par la défénestration[7] de Prague, de l'électeur Palatin,[8] de la révocation de l'édit de Nantes, de la guerre de la succession d'Espagne, de la guerre du Nord, de la Pragmatique-Sanction, des guerres de Silésie, de la guerre de sept ans, de la première révolution française, des guerres de l'indépendance,[9] de la révolution de juillet et de celle de février.

Ces répétitions produisirent de si bons fruits que les enfants eurent à Pâques des bulletins[10] excellents et passèrent[11] tous dans une classe supérieure. Pour les récompenser de leur application, M. N. leur promit de faire avec eux un autre voyage à A. à condition qu'ils continueraient leurs études avec le même zèle. Les enfants, réjouis de cette belle perspective,[12] lui sautèrent au cou[13] et promirent d'être extrêmement sages afin de mériter toute sa bonté.

---

[1] Seeweg nach Ostindien. [2] Sklavenhandel. [3] Reichstag. [4] Abdankung. [5] umgebracht. [6] Abfall. [7] das zum Fenster Hinauswerfen. [8] Kurfürst von der Pfalz. [9] Freiheitskriege. [10] Censuren. [11] versetzt. [12] Aussicht. [13] fielen ihm um den Hals.

Verlag von J. Guttentag in Berlin.
Guttentag und Vahlen.
Druck von J. Dräger's Buchdruckerei (C. Feicht) in Berlin.